Werner Freitag
Caroline Dittmar

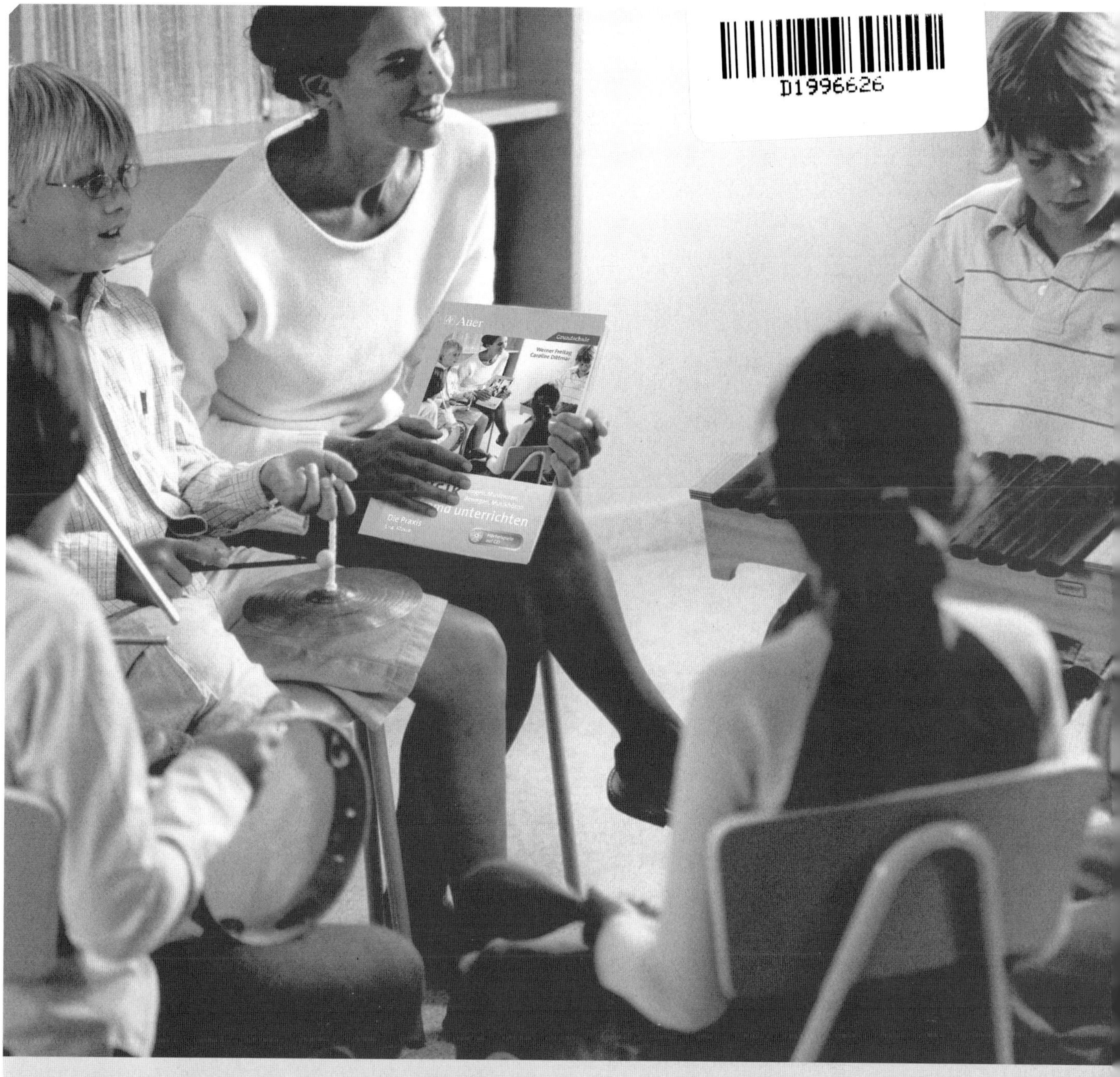

Musik fachfremd unterrichten

Singen, Musizieren,
Bewegen, Musikhören

Die Praxis

3./4. Klasse

Auer Verlag

Gedruckt auf umweltbewusst gefertigtem, chlorfrei gebleichtem
und alterungsbeständigem Papier.

1. Auflage 2011
Nach den seit 2006 amtlich gültigen Regelungen der Rechtschreibung

Illustrationen: Stefanie Aufmuth, Corina Beurenmeister
Satz: Satzpunkt Ursula Ewert GmbH, Bayreuth
Druck und Bindung: Franz X. Stückle Druck undVerlag, Ettenheim
CD/DVD-Pressung: optimal media production GmbH, Röbel/Müritz
ISBN 978-3-403-**06453**-4

www.auer-verlag.de

Inhalt

Inhalt

Einführung

Musik fachfremd unterrichten – Die Praxis stellt Ihnen eine Fülle erprobter und bewährter Unterrichtsmaterialien für die Klassen 3 und 4 zur Verfügung. Die Ideen in diesem Band bauen auf dem Basisband sowie auf dem Praxisband für die Klassen 1 und 2 auf. Einige Lieder sind deshalb hier erneut abgedruckt und mit vertiefenden bzw. ergänzenden Unterrichtsangeboten versehen. Sie und Ihre Schüler können also auf Bewährtes zurückgreifen und Neues lernen. Ausgehend von dem elementaren Bedürfnis der Schüler[1] nach aktivem Lernen, nehmen Singen und Liedbegleitung in diesem Band einen breiten Raum ein.
Das Musizieren auf Rhythmusinstrumenten, Boomwhackers und Stabspielen wird – vom einstimmigen Spiel bis zu mehrstimmigen Begleitsätzen – allmählich und aufbauend entwickelt und gibt Ihren Schülern den notwendigen Spielraum, mit Erfolg zu lernen. Das Hören und Untersuchen von Musik und das Kennenlernen von Instrumenten wird sorgsam angebahnt. Das Notieren von Musik hat dienende Funktion und wird in verschiedenen Varianten über die Schuljahre hinweg entwickelt.

Diese Umgangsweisen werden Sie im Unterricht selbstverständlich parallel einsetzen.

- Sie können die Materialien als komplette Unterrichtsstunden einsetzen. Einzelne Unterrichtsteile lassen sich aber auch ideal herausgreifen und dienen dann der Auflockerung des Unterrichts.

- Die Jahrespläne für die Klassen 3 und 4 sind so gestaltet, dass von ca. 30 Unterrichtsstunden pro Jahr ausgegangen wird. Die Aufteilung der Themen und ihre Zuordnung zu Quartalen orientieren sich am Schuljahr und lassen genügend Freiraum für die besondere Situation an Ihrer Schule.

- Die didaktisch-methodischen Hinweise zu den wichtigen Bereichen des Musikunterrichts stellen die in den einzelnen Stundenbildern vorgeschlagenen Tipps noch einmal im Zusammenhang dar.

- Das kleine Musiklexikon erklärt Ihnen die musikalischen Fachausdrücke in verständlicher Sprache.

- Die zugehörige CD enthält alle für den Unterricht notwendigen Tonbeispiele.

1 **Hinweis:** Aus Gründen der besseren Lesbarkeit wird für die Bezeichnung von männlichen und weiblichen Mitgliedern der Personengruppe Lehrer bzw. Schüler stets die männliche Bezeichnung gewählt.

A Ausgearbeitete Unterrichtsstunden

1. Der Puls in der Musik

Vorbemerkungen:

Puls, Grundschlag und Metrum bezeichnen dieselbe Sache. Sie sind die Basis fast jeder Musik. Sie bilden den Bezugsrahmen für Takt, Rhythmus und Tempo. Gemeinsames Musizieren ist darauf angewiesen.

Methodische Tipps	Zeit	Medien
Hören und Bewegen		
• S hören das Lied „Der Cowboy Jim aus Texas" von der CD und erzählen die Geschichte mit eigenen Worten nach. • S schwingen während des Refrains „Jippijeh" das Lasso, genau wie die Cowboys im Wilden Westen, und gehen durch den Raum.	15	TB 1 AB 1
Hören und Musizieren		
• Ein laut tickender Wecker, ein Metronom oder ein tropfender Wasserhahn hilft den S, ein beliebiges Metrum mit einem Bleistift auf den Tisch zu tippen. • S hören das Carmen-Vorspiel von Georges Bizet und tippen das Metrum mit. • Mit Klanghölzern spielen S einzeln, in Gruppen oder alle gemeinsam zum Klangbeispiel. • Zur klanglichen Differenzierung können dazu noch Handtrommeln eingesetzt werden. • Gemeinsam wird ein schnelleres oder langsameres Metrum ausprobiert (also in doppeltem oder halbem Tempo). 	20	TB 2 Klanghölzer Handtrommeln
Fächerübergreifender Aspekt		
• S sprechen über den menschlichen Herzschlag sowie über ihren Puls. • L zeigt S, wie sie den Puls fühlen können und wie er gemessen wird. Zusammenfassen der Ergebnisse: Wer hat den schnellsten, langsamsten bzw. einen mittleren Puls?		

Der Cowboy Jim aus Texas

Text und Musik: Fredrik Vahle

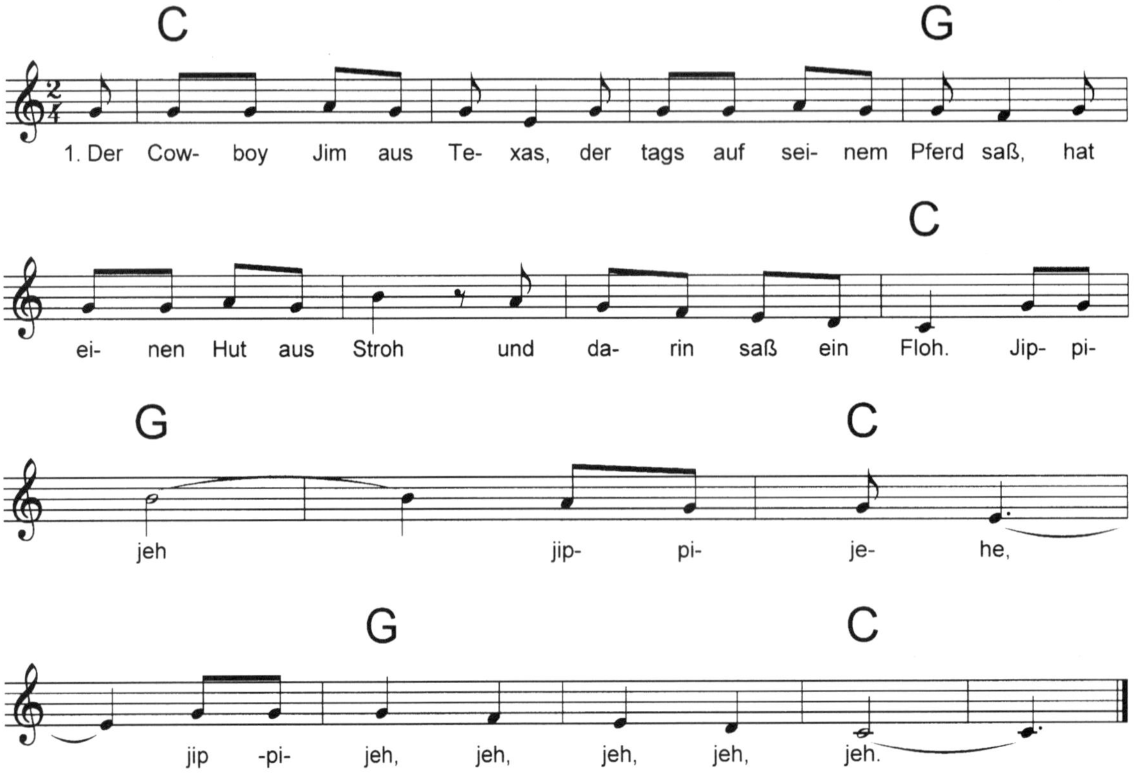

2. Der Floh tat Jim begleiten,
   er hatte Spaß am Reiten.
   Und ging der Jim aufs Klo,
   dann tat das auch sein Floh.
   Refrain.

3. Oft macht das Reiten Mühe.
   Jim hütet hundert Kühe.
   Da kommt er oft in Schweiß
   und ruft: Ach, was'n Scheiß!
   Refrain.

4. Am Tschikitschobasee
   ruft Jim sein Jippijeh.
   Doch einst am Lagerfeuer
   da war's da nicht geheuer.
   Refrain.

5. Im ersten Morgengrauen
   da wollt man Jim verhauen.
   Man schlich zu Jimmy fix,
   der schlief und merkte nix.
   Refrain.

6. Der Floh, der hört es trappeln,
   tat sich auch gleich berappeln
   und stach als echter Floh
   den Cowboy in den Po.
   Refrain.

7. Der Jim stand auf und fluchte,
   als er das Weite suchte.
   So war's nichts mit Verhauen
   im ersten Morgengrauen.
   Refrain.

8. Der Cowboy Jim aus Texas
   sitzt oft bei seiner Oma.
   Und beide schau'n sich dann
   im Fernseh'n Cowboyfilme an.
   Refrain.

2. Im Walde von Toulouse – Singen und Darstellen einer Räubergeschichte

Vorbemerkungen:
Dies ist eine zum Singen und szenischen Darstellen ideal geeignete Räubergeschichte, die ihren ernsthaften Charakter durch das „schneddereng peng peng“ verliert.

Methodische Tipps	**Zeit**	**Medien**
Singen		
• S wiederholen das Lied vom „Räuberkind“ und singen zur CD. • Das Singen wird durch eine Instrumentalbegleitung mit dem Grundrhythmus begleitet. 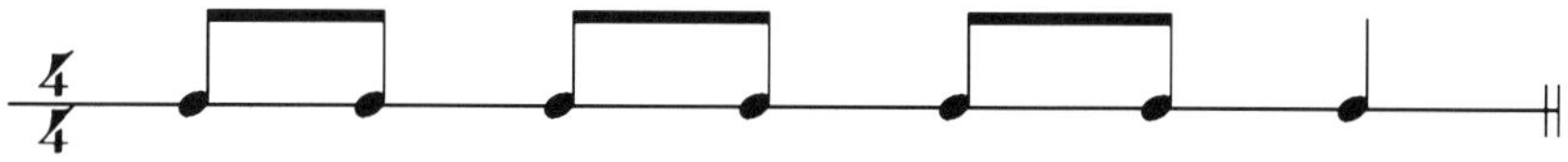 klit- ze- klei- nes Räu- ber- kind	10	TB 3 AB 2 Rh.-Instr.
Singen		
• Das Lied „Im Walde von Toulouse“ wird angehört und durch Vor- und Nachsingen erarbeitet. • Es folgt ein gemeinsames Singen zur CD.	10	TB 4 AB 2
Musizieren		
• Es wird ein instrumentales Vor-, Zwischen- und Nachspiel zum Lied eingeübt, z. B. mit dem Rhythmus:  peng peng schned- de- reng peng peng • Die Instrumentalisten werden auf die einzelnen Strophen verteilt Alternativ werden zwei Gruppen gebildet, Spielergruppe 1 spielt das Vor- und Nachspiel, Spielergruppe 2 das Zwischenspiel.	10	Rh.-Instr.
Aufführung		
• Die Elemente Singen und Musizieren werden zusammengeführt.	20	
Fächerübergreifender Aspekt		
• Deutsch: Die Sequenz aus dem Lied szenisch darstellen und danach eine Räubergeschichte schreiben.		

AB 2

Im Walde von Toulouse

überliefert

2. Es waren ihrer fünfzig, verborgen im Gebüsch.
3. Sie sprachen zueinander: „Schau nach, ob einer kommt!“
4. „Ich sehe einen kommen, der sitzt auf hohem Pferd!“
5. „Mein Herr, bleibt bitte stehen! Wo habt ihr euer Geld?“
6. „Ich hab‘ s in meiner Börse, ich hab´s in meinem Rock!“
7. „So gebt denn eure Börse, sonst legen wir euch um!“
8. „So nehmt denn meine Börse, doch lasst das Leben mir!“
9. Im gleichen Augenblicke, da kam die Polizei.
10. Da hoben alle Räuber ganz schnell die Hände hoch.
11. Im Walde von Toulouse gibt‘s keine Räuber mehr.

3. Der Hahn ist tot – Es geht vorwärts, rückwärts und seitwärts

Vorbemerkungen:
Dieses sehr bekannte Lied wird benutzt, um einfache Schrittfolgen für Tänze einzuüben.
In der Ausgangsposition stehen die S in gegeneinander versetzter Doppelreihe, alle mit Blick zum L. Eine Bodenmarkierung ist anzuraten. Gegebenenfalls sind auch drei Reihen notwendig.

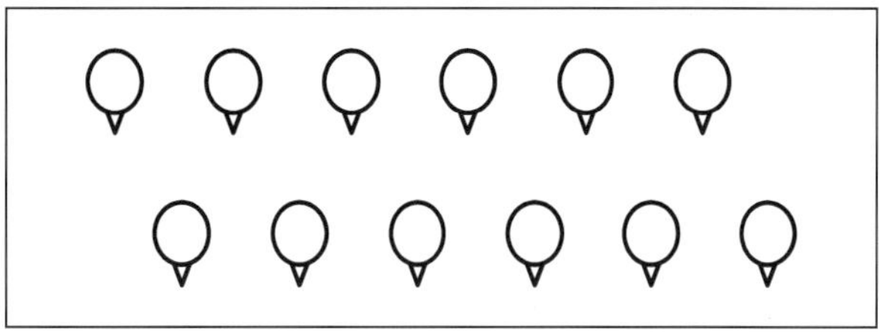

Methodische Tipps	Zeit	Medien
Sich bewegen		
Die Vorwärtsbewegung: • Die S stellen sich reihenweise hintereinander auf den Markierungen auf. • Sie singen das Lied „Der Hahn ist tot“ und stampfen dazu im Metrum. • L führt Vorwärtsbewegung mit 8 Schritten vor, links beginnend. Der 8. Schritt wird herangezogen. Am besten geht der L mit Blick auf die S rückwärts. Kommando: l – r – l – r – l – r – l – ran. • L schlägt die Handtrommel im Metrum, die S gehen 8 Schritte vorwärts. Wer kann, singt das Lied dazu (Takte 1 und 2). • Es wird kurz angehalten und die Position der Reihen sowie die Fußstellung kontrolliert.	5	AB 3
Die Rückwärtsbewegung: • L zeigt analog die Rückwärtsbewegung. • S gehen 8 Schritte rückwärts, links beginnend (Takte 3 und 4). • Nun wird die Vorwärts- und Rückwärtsbewegung (Takte 5 bis 8) nochmals wiederholt. • S stampfen das Metrum auf der Stelle (Takte 9 und 10).	5	
Die Seitwärtsbewegung: • L führt die Seitwärtsbewegung vor mit dem Kommando: l – ran, l – ran, l – ran, l – ran (Tipp: L sollte die Übung wieder seitenverkehrt vormachen.). • S gehen 8 Schritte seitwärts, mit links beginnend, 8. Schritt tippen (Hinweis: Tippen bedeutet, den Fuß nicht zu belasten).	10	

Methodische Tipps	Zeit	Medien
Der seitliche Richtungswechsel: • L zeigt den Richtungswechsel: **7. Schritt** links – **8. Schritt** rechts – tipp – **1. Schritt** rechts – **2. Schritt** links • S üben diesen Richtungswechsel. Dies kann bei Bedarf auch einzeln probiert werden. • Die Seitwärtsbewegung wird im Zusammenhang geprobt: 8 Schritte nach links, 8 Schritte nach rechts. Wer kann, singt mit.	10	
Zusammenfügen der Elemente: • T 1 und 2: S gehen 8 Schritte vorwärts, links beginnend. • T 3 und 4: Sie gehen 8 Schritte rückwärts, links beginnend. • T 5 und 6: Sie gehen 8 Schritte seitwärts nach links, mit Tipp auf dem 8. Schritt. • T 7 und 8: Sie gehen 8 Schritte seitwärts nach rechts zurück, mit Tipp auf dem 8. Schritt. • T 9 und 10: Sie stampfen im Metrum am Platz.	15	

AB 3

Der Hahn ist tot

überliefert

4. Das Fußballrhythmical – Erleben von Takt und Rhythmus

Vorbemerkungen:
Die Länge des Textes dieses Fußballrhythmicals, die eingebaute Schwerpunktverschiebung im 4. Takt sowie die Pausen im 5. Takt auf Zählzeit (ZZ) 1 bedürfen sorgfältiger Einstudierung.

Methodische Tipps	Zeit	Medien
Sich bewegen zu Musik		
• L u. S stampfen ein Metrum mittleren Tempos. • L spricht den Text zeilenweise vor, die S sprechen nach. • L u. S sprechen den Text im Zusammenhang. • Ein S markiert das Metrum mit Klanghölzern oder einer Glocke (Cowbell). Die Glocke liegt dabei fest in der Hand und wird so leicht gedämpft. Der Holzschlägel schlägt auf den Rand. • Alle sprechen den Text dazu.	15	Klang- hölzer Glocke AB 4
Musizieren		
• Vier S sitzen in einer Reihe auf Stühlen mit Blick zur Klasse. Der L lässt sie vier unterschiedlich klingende Rhythmusinstrumente auswählen, z. B. Klanghölzer, Triangel, Handtrommel und Schellenring. • Die Vierergruppe spielt ein Metrum, zunächst zusammen, dann nacheinander: Klanghölzer auf Schlag 1, Triangel auf Schlag 2, Handtrommel auf Schlag 3 und Schellenring auf Schlag 4. • Die übrigen S sprechen dazu den Text. • Ein S spricht die erste Zeile, alle wiederholen, ein zweiter S spricht die zweite Zeile, alle wiederholen usw. • Die Metrumspieler werden ausgewechselt.	20	Rh.-Instr.
Hören		
• S hören ein Musikstück im 4er-Takt (beliebige Popmusik) und stampfen gehend das Metrum dazu. • Sie markieren die ZZ 1 jedes Taktes durch Klatschen. L oder ein S unterstützt das Klatschen mit der Handtrommel. • Vier S, vor der Klasse sitzend, spielen auf vier unterschiedlich klingenden Rhythmusinstrumenten das Metrum, entweder gleichzeitig oder nacheinander zur Musik.	20	Rh.-Instr.

AB 4

Wir spielen Fußball

Egon Ziesmann

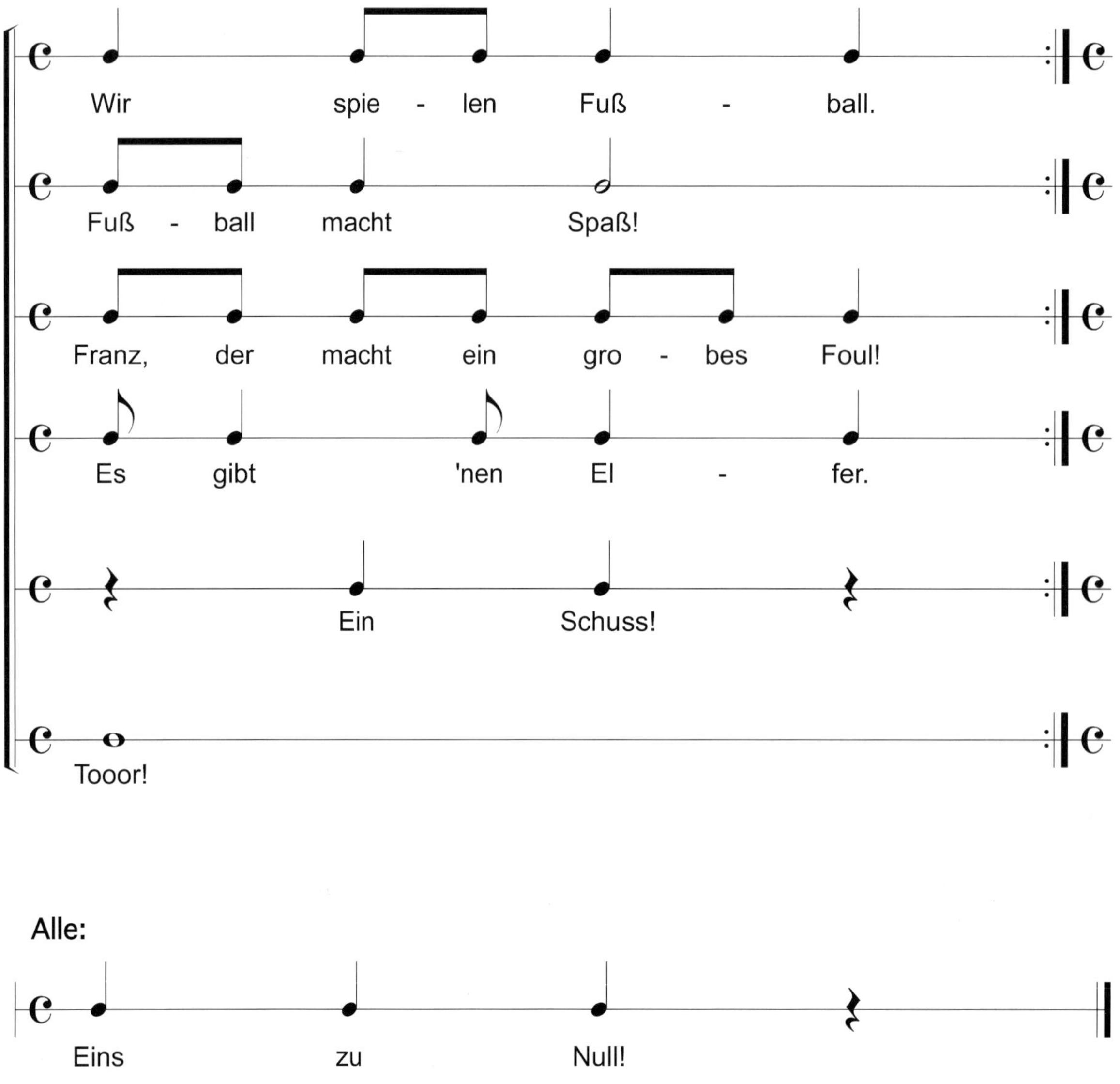

5. Trat ich heute vor die Türe – Gehen im Stirnkreis mit Wechselschritt

Vorbemerkungen:
Dies ist ein lustiges Lied, das zu Bewegung animiert.

Stirnkreis: Kreisformation, bei der die Schüler zur Kreismitte schauen.
Einhandfassung: Die Schüler fassen sich bei den Händen und lassen die Arme dabei locker hängen.

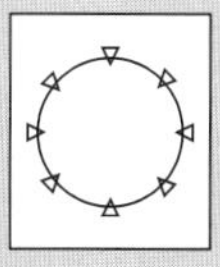

Methodische Tipps	**Zeit**	**Medien**
Hören und Singen		
• S hören das Lied von der CD. • Sie lernen den Text der ersten Strophe durch Vor- und Nachsprechen und klatschen an diesen beiden Stellen: 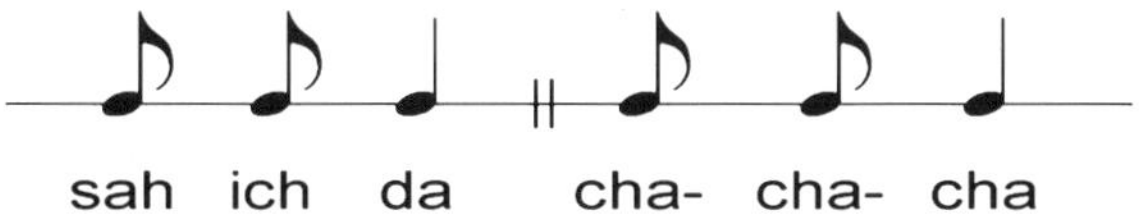 • L singt die Melodie vor, S singen zeilenweise nach und stampfen an den zuvor geklatschten Stellen.	10	TB 5 AB 5
Sich bewegen		
• S stellen sich in Stirnkreisformation und Einhandfassung auf. • L zeigt die Schrittfolge auf der Kreisbahn: links beginnend 6 Schritte nach links, dann stampfen im Wechselschritt links, rechts, links am Platz (Takte 1–4). S vollziehen dies nach und singen dazu. • L-Hinweis: „Nun beginnen wir mit rechts und gehen den Weg zurück (Takte 1–4, Wiederholung)." • L zeigt Schrittfolge mit Verlassen der Kreisbahn: links beginnend 4 Schritte vorwärts, den 4. Schritt heranziehen (Takte 5 und 6), dann wieder links beginnend 4 Schritte rückwärts, den 4. Schritt heranziehen (Takte 7 und 8). • In 6 Schritten um die rechte Schulter herumdrehen, rechts beginnend, dann Wechselschritt r – l – r. • S tanzen die gesamte 1. Strophe, wieder links beginnend. • Der Text der zweiten Strophe wird erarbeitet und das Lied gesungen. • Die zweite Strophe kann wie die erste getanzt werden.	30	TB 5
Fächübergreifender Aspekt		
• S verkleiden sich als Gans, Truthahn, Esel ...		

AB 5

Trat ich heute vor die Türe

Text: Christel Süßmann; Musik: Heinz Lemmermann

2. Max, der Esel und die Schweine tanzten sehr vergnügt zu dritt.
Selbst die dicke Kuh Babette wiegte sich im Walzerschritt.
Refrain: Trat ich heute vor die Türe …

3. Mieze bellte, Karo schnurrte, und die Ziege auf dem Mist
krähte sich die Kehle heiser, weil doch heute Fastnacht ist.
Refrain: Trat ich heute vor die Türe …

aus: „Die Zugabe Band 1, © Fidula Verlag, Boppard

6. Taktvolle Musik

Vorbemerkungen:

Takt setzt regelmäßige Schwerpunkte. Darin unterscheidet er sich vom Metrum, das keine Schwerpunkte kennt.

<table>
<tr><th>Methodische Tipps</th><th>Zeit</th><th>Medien</th></tr>
<tr><td>Hören und sich bewegen</td><td></td><td></td></tr>
<tr><td>

- S gehen im Metrum zum Tumbalied, das von der CD eingespielt wird.

Tumba, tumba

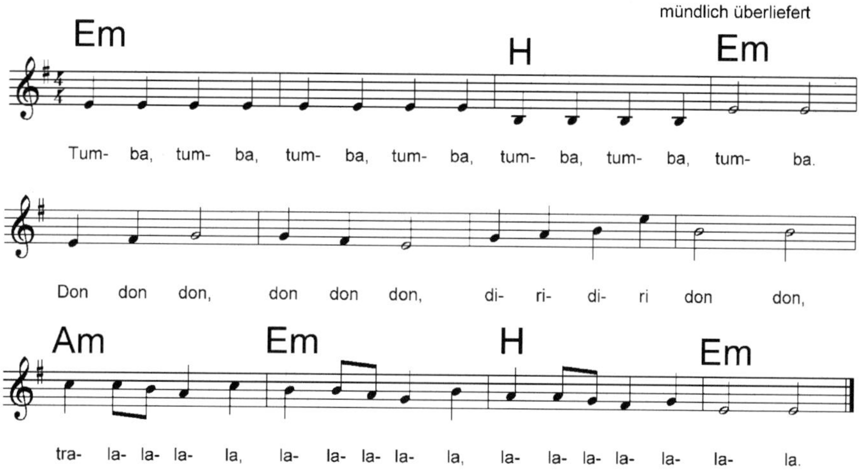

- L spielt ein Metrum, erst ohne, dann mit regelmäßig wiederkehrenden Betonungen vor. S bemerken und beschreiben die Veränderung.
- Sie hören die Eurovisionsmelodie von M. A. Charpentier und stampfen zu dieser das Metrum.
- S versuchen, die Schwerpunkte zu finden und klatschen diese.

</td><td>15</td><td>TB 6

TB 7</td></tr>
<tr><td>Hören und Musizieren</td><td></td><td></td></tr>
<tr><td>

- S hören den Radetzkymarsch von Johann Strauss und klatschen zu diesem das Metrum.
- An der Tafel steht die Zahlenreihe **1** 2 3 4, die von den S mit Betonung auf der 1. Zählzeit (ZZ) gesprochen wird. Alle S wiederholen dies, indem sie auf ZZ 1 stampfen und auf den ZZ 2, 3 und 4 klatschen.
- Es wird zum Radetzkymarsch musiziert, auf ZZ 1 mit Handtrommeln, auf den ZZ 2, 3 und 4 mit Klanghölzern.

Takt entsteht, wenn man nach immer gleichen Abständen Töne betont.

</td><td>15</td><td>TB 8</td></tr>
</table>

7. Eine Polonaise tanzen

Vorbemerkungen:
Polonaisen werden heute noch auf Hochzeiten oder großen Ballveranstaltungen getanzt. Sie führen alle geladenen Gäste zu einem gemeinschaftlichen Tanz zusammen. Die Schüler kennen sie oft nur noch aus dem Fernsehen. Sie lassen sich jedoch schnell für den einfachen Tanz begeistern.

Polonaise: Vom Ursprung her ein polnischer Schreittanz in gemächlichem Tempo. Meist im 3er-Takt, neuerdings z. B. bei Karnevalsveranstaltungen zu Liedern oder Schlagern im 4er-Takt. Typischer Grundrhythmus ist:

Methodische Tipps	**Zeit**	**Medien**
Eine Tanzbeschreibung lesen		
• L stellt Polonaise vor: „Dies ist ein ursprünglich polnischer Volkstanz, daher der Name. Man kann ihn manchmal bei Hochzeitsfeiern oder im Karneval sehen.“ • L zeigt die Tanzbeschreibung auf einer Folie und ergänzt zeichnerisch einige Details, die den Raum kennzeichnen, in dem getanzt werden soll, z. B. Lage der Fenster und der Tür. • S erhalten ein AB und ergänzen die Eintragungen. • Sie erklären die Zeichen (für Mädchen und Jungen) und erläutern, wie sie sich aufstellen sollen. • Die S-Paare stellen sich hinter einem vorher bestimmten Anführerpaar auf der Mittellinie hintereinander auf. Tipp: Den Fußboden an den Ecken und an der Mittellinie mit Kreppstreifen markieren.	10	AB 6
Tanzen der Figur 1		
• Zum Handtrommelschlag des L gehen die S, mit dem linken Fuß beginnend, bis zum Ende der Mittellinie, wenden sich dann paarweise nach links und gehen auf der linken Seite des Raumes bis zum Ende der Seitenlinie. Dort schwenken sie nach links und kehren zur Mittellinie zurück. Die erste Figur wird mit Musik wiederholt.	5	Handtrommel TB 9
Tanzen der Figur 2		
• Es folgt Figur 2: S gehen, mit dem linken Fuß beginnend, paarweise bis zum Ende der Mittelinie und wenden sich dann paarweise nach rechts und gehen auf der rechten Seite des Raumes bis zum Ende der Seitenlinie. Dort schwenken sie nach rechts und kehren zur Mittellinie zurück.	5	

Methodische Tipps	Zeit	Medien
Tanzen der Figur 3		
• L und ein S zeigen den Verlauf der Figur 3: L geht am Ende der Mittellinie nach links, S nach rechts. Beide gehen getrennt auf den Seitenlinien zurück und vereinen sich wieder am Beginn der Mittellinie. • L schlägt die Handtrommel und gibt Kommandos: „**Links** – rechts – links – **rechts** ...“ mit entsprechender Schwerpunktsetzung. S gehen zu Figur 3 durch den Raum und achten darauf, dass sie ungefähr gleich große Schritte machen, damit sie als Paar wieder zusammenkommen können. • Es folgt eine Wiederholung mit Musik (Hinweis: Vorspieltakte abwarten, L gibt Einsatz mit „und links ...“)	5	TB 9
Tanzen der Figur 4		
• L und ein S zeigen, wie die Figur 4 getanzt wird: Beginn wie Figur 3, bei Wiederbegegnung vereinen sich die beiden Tänzer nicht, sondern gehen **rechts** (also an der linken Schulter des gegenüberstehenden Kindes) vorbei. Sie laufen bis zum Ende der Seitenlinie und kommen dann auf der Mittellinie wieder als Paar zusammen. • S gehen diesen Weg, zunächst zur Handtrommel und mit Kommandos des L. • Es folgt eine Wiederholung mit Musik.	5	TB 9
Tanzen der Polonaise im Zusammenhang		
• Zu Beginn stellen sich alle Paare auf der Mittelinie auf. Ein absolut sicheres Paar sollte anführen. • Gemeinsam werden die vier Figuren gedanklich wiederholt. • Die Polonaise wird zur Musik getanzt.	10	TB 9
Fächerübergreifender Aspekt		
• S überlegen sich, in welchen Kostümen und für welche Gelegenheit sie die Polonaise tanzen wollen. • Sie entwerfen einen Begrüßungstext für das Publikum.		

AB 6

Tanzfiguren zur Polonaise

Figur 1

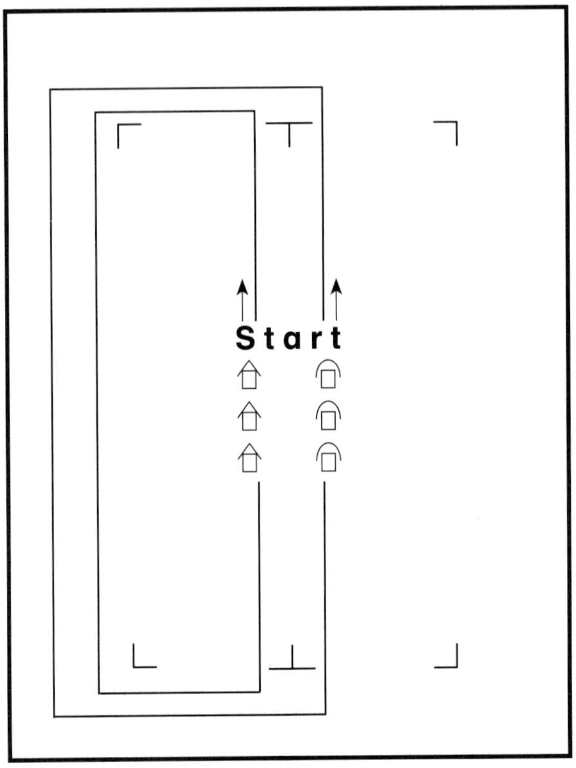

Figur 2

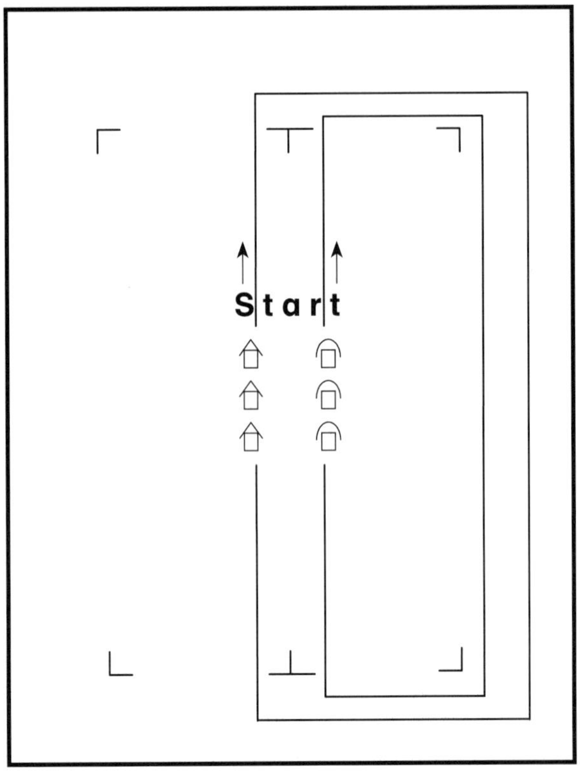

Figur 3

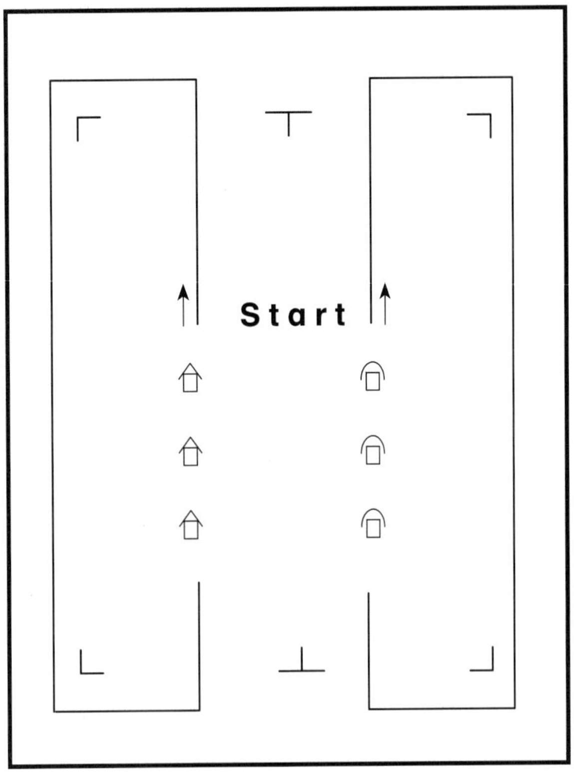

Figur 4

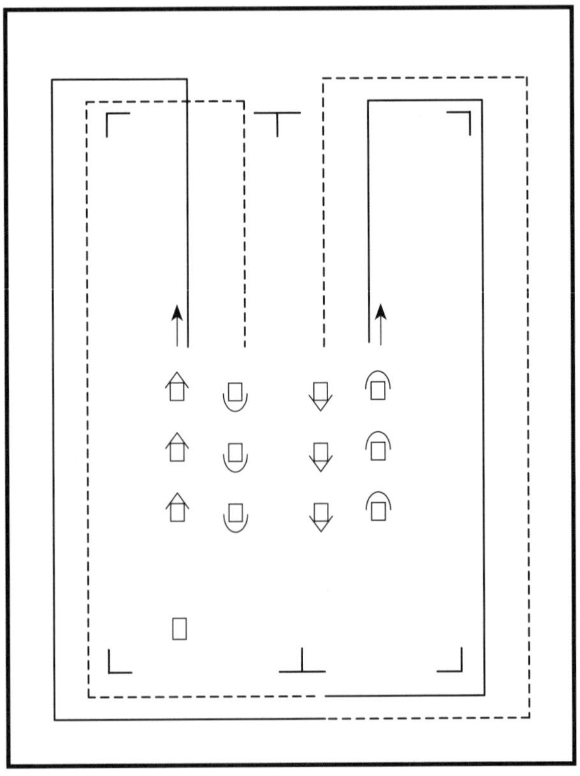

= Junge   = Mädchen

8. Grundfiguren für einen Poptanz

Vorbemerkungen:
Viele Schüler möchten auch ihre Lieblingsmusik mit in die Schule bringen.
Hier werden zwar keine fertigen Choreografien vorgestellt, aber mithilfe von Tanzbausteinen können die Schüler ihre Tanzbeschreibungen zu ausgewählter Musik selbst erarbeiten. Erfahrene Gruppen können weitere Bewegungselemente hinzufügen.
Viele Lieder sind in Vorspiel, Strophe, Refrain, Zwischenteil und Nachspiel gegliedert. Häufig sind diese Teile 2 × 8, 3 × 8 oder 4 × 8 Zählzeiten lang. Die hier angegebenen Tanzbausteine entsprechen 1 × 8 Zählzeiten und können beliebig oft wiederholt werden. Bei Bedarf können die Bausteine für Zwischenteile angepasst werden.
Bei der Auswahl der Lieder sollte darauf geachtet werden, dass bei ersten Versuchen ein nicht zu schnelles Tempo gewählt wird.

Methodische Tipps	Zeit	Medien
Sich bewegen zu Musik		
• L läuft mit unterschiedlichen Schrittarten zur Musik (Gehschritt, Laufschritt, Hüpfschritt) im Raum umher – S imitieren die Schrittarten. • S sprechen über die einzelnen Schrittfolgen: Welche waren für diese Musik geeignet? Wie unterschieden sie sich? Liefen alle S gleich? Welche Schrittfolgen waren einfach/schwierig?	5	TB 10
• S stellen sich versetzt in mehreren Reihen hintereinander auf. • L tanzt Schrittfolgen (4 Takte = 16 Metrumschläge) zur Musik vor, S tanzen nach.	5	TB 10
Sprechen über Musik		
• L hängt Bildkarten an die Tafel. S sprechen über die dargestellten Schrittfolgen: Ist alles verständlich? Kann man die Schritte nachvollziehen? • S führen die Schrittfolgen vor.	10	Bildkarten von AB 7 a–d
Hören und Sprechen über Musik		
• L schreibt Stichwörter an die Tafel: Vorspiel, Strophe, Refrain, Zwischenteil, Nachspiel; er erläutert die Begriffe an einem musikalischen Beispiel. • S hören das ausgewählte Lied. Hörauftrag: Welche Struktur hat das Lied? – S notieren den Verlauf während des Hörens.	15	

<table>
<tr><th>Methodische Tipps</th><th>Zeit</th><th>Medien</th></tr>
<tr><td>• Erstellen eines Tafelbildes:
<table>
<tr><td>Vorspiel</td><td>Refrain</td><td>Strophe</td><td>Refrain</td><td>Strophe</td><td>Refrain</td></tr>
<tr><td>12 Takte</td><td>12 Takte</td><td>12 Takte</td><td>12 Takte</td><td>12 Takte</td><td>12 Takte</td></tr>
<tr><td>48 ZZ</td><td>48 ZZ</td><td>48 ZZ</td><td>48 ZZ</td><td>48 ZZ</td><td>48 ZZ</td></tr>
<tr><td>6 × 8</td><td>6 × 8</td><td>6 × 8</td><td>6 × 8</td><td>6 × 8</td><td>6 × 8</td></tr>
</table>
• Das Lied wird nochmals angehört. S zählen die Takte der musikalischen Teile mit – diese werden in der Übersicht notiert.</td><td></td><td></td></tr>
<tr><td>Sprechen über Musik</td><td></td><td></td></tr>
<tr><td>• S wählen drei Tanzbausteine aus und hängen die Bildkarten an die Tafel. Darunter wird notiert, wie oft dieser Tanzbaustein getanzt werden soll.</td><td>10</td><td>TB 10</td></tr>
<tr><td>Sich bewegen zu Musik</td><td></td><td></td></tr>
<tr><td>• S stellen sich versetzt in mehreren Reihen auf und tanzen ihre Choreografie.</td><td>15</td><td>TB 10</td></tr>
<tr><td>Sprechen über Musik</td><td></td><td></td></tr>
<tr><td>• S reflektieren und verbessern ihre Ergebnisse.</td><td>5</td><td></td></tr>
<tr><td>Erweiterung</td><td></td><td></td></tr>
<tr><td>• In weiteren Unterrichtsstunden können die bestehenden Schrittfolgen geübt und zusätzliche Schrittfolgen eingeführt werden.
• S erstellen eigene Bildkarten.
• S entwickeln in Gruppenarbeit eigene Choreografien.</td><td></td><td></td></tr>
</table>

Baustein A

ZZ 1	ZZ 2	ZZ 3	ZZ 4	ZZ 5-8
Schrittbeschreibung				
Schritt nach rechts	Beistellschritt links	Schritt nach rechts	Linker Fuß tippt an	Wiederholung in die andere Richtung
Sprachliche Aufforderung				
rechts	ran	rechts	tipp	links – ran – links – tipp

Baustein B

ZZ 1-2	ZZ 3-4	ZZ 5-6	ZZ 7-8
Schrittbeschreibung			
Linken Arm seitlich ausstrecken	Rechten Arm seitlich ausstrecken	Linken Arm auf die Brust legen	Rechten Arm auf die Brust legen
Sprachliche Aufforderung			
links	rechts	links	rechts

AB 7b

Baustein C

ZZ 1	ZZ 2	ZZ 3	ZZ 4
Schrittbeschreibung			
In die Grätsche hüpfen	Die Beine kreuzen	In die Grätsche hüpfen	Stand
Sprachliche Aufforderung			
grätsch	kreuz	grätsch	Stand

Baustein D

ZZ 1	ZZ 2	ZZ 3	ZZ 4	ZZ 5-8
Schrittbeschreibung				
Mit dem rechten Fuß einen Schritt nach vorne gehen	Mit dem linken Fuß einen Schritt nach vorne gehen	Mit dem rechten Fuß einen Schritt nach vorne gehen	Mit dem linken Fuß nach vorne kicken	3 Schritte zurückgehen, rechter Fuß tippt auf den Boden
Sprachliche Aufforderung				
vor	vor	vor	kick	rück – rück – rück – tipp

Baustein E

ZZ 1	ZZ 2	ZZ 3	ZZ 4	ZZ 5-8
Schrittbeschreibung				
Mit 3 Schritten zur gegenüber-liegenden Seite drehen			Links antippen	Zur ursprünglichen Seite drehen
Sprachliche Aufforderung				
rechts	links	rechts	tipp	links – rechts – links – tipp

Baustein F

ZZ 1	ZZ 2	ZZ 3	ZZ 4	ZZ 5-8
Schrittbeschreibung				
Schritt nach rechts	Linker Fuß kreuzt hinten	Schritt nach rechts	Linker Fuß tippt an	Wiederholung in die andere Richtung
Sprachliche Aufforderung				
rechts	kreuz	rechts	tipp	links – kreuz – links – Stand

Baustein G

ZZ 1-2	ZZ 3-4	ZZ 5-6	ZZ 7-8
Schrittbeschreibung			
In die Hocke gehen	Sich langsam aufrichten		Die Arme nach oben strecken
Sprachliche Aufforderung			
Hocke	hoch	hoch	hoch

Bausteine für Zwischenteile

ZZ 1-8	ZZ 1-8	ZZ 1-8	ZZ 1-8
Schrittbeschreibung			
In die Grätsche gehen, Arme nach oben strecken, verharren	In die Hocke gehen und verharren	Beine gekreuzt, Arme gekreuzt, verharren	Winken: rechts, links, rechts, links
Sprachliche Aufforderung			
Grätschstand	Hocke	Kreuzstand	rechts – links – rechts – links

1. *Das Jahreszeitenlied*

Vorbemerkungen:
Das Lied lässt sich in jeder Jahreszeit einsetzen. Der Inhalt kann in tänzerische Bewegungen umgesetzt werden.

Methodische Tipps	Zeit	Medien
Hören und Sprechen über Text		
• S hören das Lied von der CD und geben den Inhalt mit eigenen Worten wieder. • Sie lesen den Text und überlegen sich Bewegungsfiguren für die vier Strophen. • Einzelne S machen Vorschläge für die Strophen. • Das Lied wird nochmals gehört und die Vorschläge werden ausprobiert.	15	TB 11 AB 8
Singen		
• L singt das Lied zeilenweise vor, die S singen nach. • Es wird gemeinsam zur CD gesungen.	10	TB 11 AB 8
Singen und sich bewegen		
• S gehen durch den Raum und tanzen wie Blätter, Schneeflocken, Falter und Mücken. • Sie singen, unterstützt durch die CD, und tanzen dazu.	10	TB 11

AB 8

Das Jahreszeitenlied

Text und Musik: Gerda Bächli

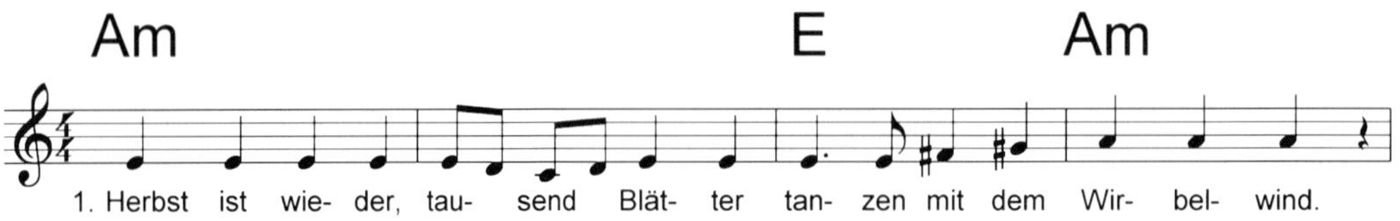

1. Herbst ist wie- der, tau- send Blät- ter tan- zen mit dem Wir- bel- wind.
2. Win- ter ist´s und tau- send Flo- cken tan- zen ü- ber Wald und Feld.
3. Früh- ling ist´s und tau- send Fal- ter tan- zen ü- ber´s grü- ne Gras.
4. Som- mer ist´s und tau- send Mü- cken tan- zen froh im A- bend- licht.

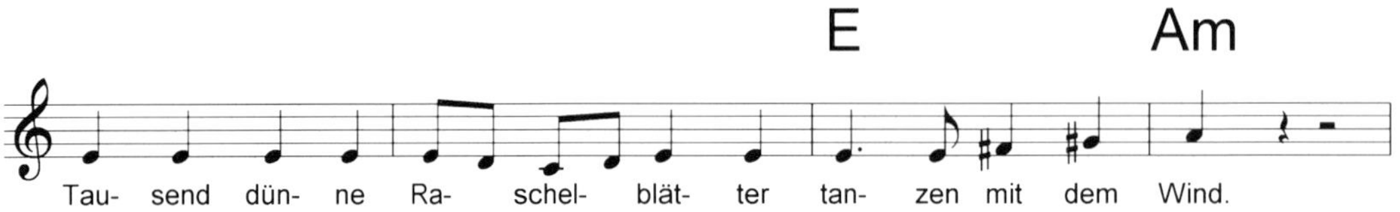

Tau- send dün- ne Ra- schel- blät- ter tan- zen mit dem Wind.
Tau- send klei- ne wei- ße Flo- cken tan- zen ü- ber´s Feld.
Tau- send klei- ne Früh- lings- fal- ter tan- zen ü- ber´s Gras.
Tau- send klei- ne Sil- ber- mü- cken tan- zen froh im Licht.

Ho- i- ho tra- la- la- la- la tan- zen mit dem Wir- bel- wind.
Ho- i- ho tra- la- la- la- la tan- zen ü- ber Wald und Feld.
Ho- i- ho tra- la- la- la- la tan- zen ü- ber´s grü- ne Gras.
Ho- i- ho tra- la- la- la- la tan- zen froh im A- bend- licht.

Ho- i- ho tra- la- la- la- la tan- zen mit dem Wind.
Ho- i- ho tra- la- la- la- la tan- zen ü- ber´s Feld.
Ho- i- ho tra- la- la- la- la tan- zen ü- ber´s Gras.
Ho- i- ho tra- la- la- la- la tan- zen froh im Licht.

2. *Der Mond ist aufgegangen*

Vorbemerkungen:
Dieses Lied ist eines der schönsten und innigsten Lieder der deutschen Sprache. Sowohl der Text von Matthias Claudius als auch die Melodie von Johann Abraham Peter Schulz brauchen eine sensible Behandlung, um Schüler zu erreichen.

Methodische Tipps	**Zeit**	**Medien**
Einstimmung		
• L erinnert S an eine ruhige Urlaubsstimmung. S berichten von ihren Erfahrungen. • Zusammenfassend werden die Begriffe „ruhige Stimmung“, „langsame Bewegungen“ und „leise Atmosphäre“ hervorgehoben. • L stellt ein Becken, einen Triangel und ein Glockenspiel zur Verfügung und ermuntert S, eine solche Stimmung zu erzeugen. • S erzeugen einen „Klangteppich“ als Grundlage für das Folgende. • L liest den Text des Liedes vor. • Einige Begriffe werden geklärt: traulich, hold … • S erhalten das Arbeitsblatt. Einzelne S lesen die Strophen vor.	20	Becken Triangel Glockenspiel AB 9
Hören		
• S hören das Lied von der CD. Sie nehmen dazu die Hörhaltung ein: Der Kopf liegt auf dem Tisch, die Augen sind geschlossen. Der Raum sollte abgedunkelt sein.	5	TB 12
Singen		
• L singt Melodie vor oder lässt S zur CD mitsingen.	5	TB 12
Singen und Musizieren		
• Einzelne S spielen einen „Klangteppich“ (= leise, lang ausgehaltene Klänge ohne besonderen Rhythmus) als Vorspiel zum Gesang. • S singen die 1. Strophe. • Es folgt wieder der Klangteppich. • S singen 2. Strophe usw.	15	Becken Triangel Glockenspiel AB 9
Fächerübergreifender Aspekt		
• S lernen den Text des Liedes auswendig und tragen ihn vor.		

Der Mond ist aufgegangen

Text: Matthias Claudius; Musik: Johann Abraham P. Schulz

2. Wie ist die Welt so stille
und in der Dämmrung Hülle
so traulich und so hold!
Als eine stille Kammer,
wo ihr des Tages Jammer
verschlafen und vergessen sollt.

3. Seht ihr den Mond dort stehen?
Er ist nur halb zu sehen
und ist doch rund und schön.
So sind wohl manche Sachen,
die wir getrost belachen,
weil unsre Augen sie nicht sehen.

4. Wir stolzen Menschenkinder
sind eitel arme Sünder
und wissen gar nicht viel;
wir spinnen Luftgespinste
und suchen viele Künste
und kommen weiter von dem Ziel.

5. Gott, lass dein Heil uns schauen,
auf nichts Vergänglichs trauen,
nicht Eitelkeit uns freun!
Lass uns einfältig werden
und vor dir hier auf Erden
wie Kinder fromm und fröhlich sein!

6. Wollst endlich sonder Grämen
aus dieser Welt uns nehmen
durch einen sanften Tod.
Und wenn du uns genommen,
lass uns in Himmel kommen,
du unser Herr und unser Gott!

7. So legt euch denn, ihr Brüder,
in Gottes Namen nieder;
kalt ist der Abendhauch.
Verschon uns, Gott, mit Strafen
und lass uns ruhig schlafen
und unsern kranken Nachbarn auch.

3. *Ich male ein Bild* – gesungen und musiziert

Vorbemerkungen:
Dieses melancholisch klingende Lied mit einem Text von Joseph Guggenmos steht in Moll und singt sich daher etwas ungewohnt. Der Inhalt beschreibt eine graue Winterstimmung, die auch Kinder schon ganz gut nachvollziehen können.

> **Klangteppich**: Er entsteht, wenn viele Instrumente ohne festen Rhythmus beliebige Klänge erzeugen. Er wird häufig als Hintergrund bei der Textdeklamation verwendet.

Methodische Tipps	**Zeit**	**Medien**
Musizieren		
• L teilt Stabspiele (Töne d – f – a), Triangel und Schellenring aus und liest mit ruhiger Stimme das Gedicht „Ich male ein Bild“ vor. • S sprechen über den Inhalt des Gedichts und beschreiben mit ihren eigenen Worten die melancholische Winterstimmung. • S spielen leise auf den Instrumenten und erzeugen einen Klangteppich, der diese Stimmung beschreibt. • Das musikalische Ergebnis wird besprochen. Einige Instrumente werden ergänzt oder ausgewechselt. • S spielen einen Klangteppich in veränderter Form. • Ein S kann die Rolle des Lesers übernehmen.	20	Rh.-Instr. AB 10
Singen und Hören		
• L spielt die erste Zeile des Liedes mehrfach vor – S singen mit. Mit den Zeilen 2 und 3 wird gleich verfahren. • Hören des Liedes von der CD.	10	TB 13
Singen und Musizieren		
• S spielen mit anderen Instrumenten einen neuen Klangteppich. • L zeigt decrescendo (leiser werden) an, bis alle Instrumente verstummen. • S singen die erste Strophe des Liedes. • Es folgt erneut ein Klangteppich. • Die Strophen 2 bis 4 werden gemeinsam gelesen. • Alle vier Strophen werden gesungen. Nach jeder Strophe entsteht als Zwischenspiel ein Klangteppich.	20	Rh.-Instr. AB 10
Fächerübergreifender Aspekt		
• Das Gedicht von J. Guggenmos lässt sich gut gestalterisch umsetzen.		

Ich male ein Bild

Text: Josef Guggenmos; Musik: Heinz Lemmermann

2. Sonst ist da nichts, da ist nirgends etwas,
nichts weit und breit zu sehen.
Nur auf dem Baum, dem schwarzen Baum,
hocken zwei schwarze Krähen.

3. Die Krähen nun, was tun die zwei,
was tun sie auf den Zweigen?
Sitzen sie dort und fliegen nicht fort.
Sie frieren nur und schweigen.

4. Mein Bild, wer's besieht, wie's da Winter ist,
der wird den Winter spüren.
Der zieht einen dicken Pullover an
vor lauter Zittern und Frieren.

4. *Das Dreikönigsspiel* – Singen und Musizieren

Vorbemerkungen:
Die Weihnachtslieder „Was soll das bedeuten“ und „Ihr Kinderlein kommet“ werden durch das Dreikönigsspiel zu einem szenischen Spiel miteinander verknüpft.

Methodische Tipps	Zeit	Medien
Einstimmung		
• L zeigt S ein Bild der drei Könige aus dem Morgenland. • S stellen Vermutungen an.	5	AB 13b (Folie)
Singen		
• L singt den S „Was soll das bedeuten“ vor. S lernen die Melodie durch Nachsingen und hören das Lied von der CD.	10	TB 14 AB 11
Vorbereitung des Dreikönigsspiels		
• L weist darauf hin, dass das Dreikönigsspiel aufgeführt werden soll. • S lesen den Text in verteilten Rollen. Die Rollen werden für das häusliche Auswendiglernen vergeben. • Es können Kostüme mitgebracht werden.	10	AB 13a + 13b
Singen und Musizieren		
• S üben eine Liedbegleitung auf dem Glockenspiel und Metallofon zu „Was soll das bedeuten“. • S singen und musizieren das Lied.	15	Stabspiele AB 11
Singen		
• L erinnert an das Dreikönigsspiel und kündigt eine Wiederholung des Liedes „Ihr Kinderlein kommet“ an. • L und S singen das Lied, das vermutlich schon bekannt ist.	5	AB 12 TB 15
Aufführung des Dreikönigsspiels		
• S singen „Was soll das bedeuten“ und begleiten den Gesang auf Glockenspiel und Metallofon. • Das Dreikönigsspiel wird aufgeführt. • S singen zum Abschluss „Ihr Kinderlein kommet“.		Stabspiele

Was soll das bedeuten

Text, Melodie und Satz: mündlich überliefert

2. Treibt zusammen, treibt zusammen die Schäflein fürbass!
Treibt zusammen, treibt zusammen, dort zeig ich euch was:
Dort in dem Stall, dort in dem Stall
werdet Wunderding sehen, treibt zusammen einmal!

3. Ich hab nur ein wenig von Weitem geguckt.
Da hat mir mein Herz schon vor Freuden gehupft:
Ein schönes Kind, ein schönes Kind
liegt dort in der Krippe bei Esel und Rind.

Ihr Kinderlein kommet

Text: Christoph von Schmid; Musik: Johann Abraham P. Schulz

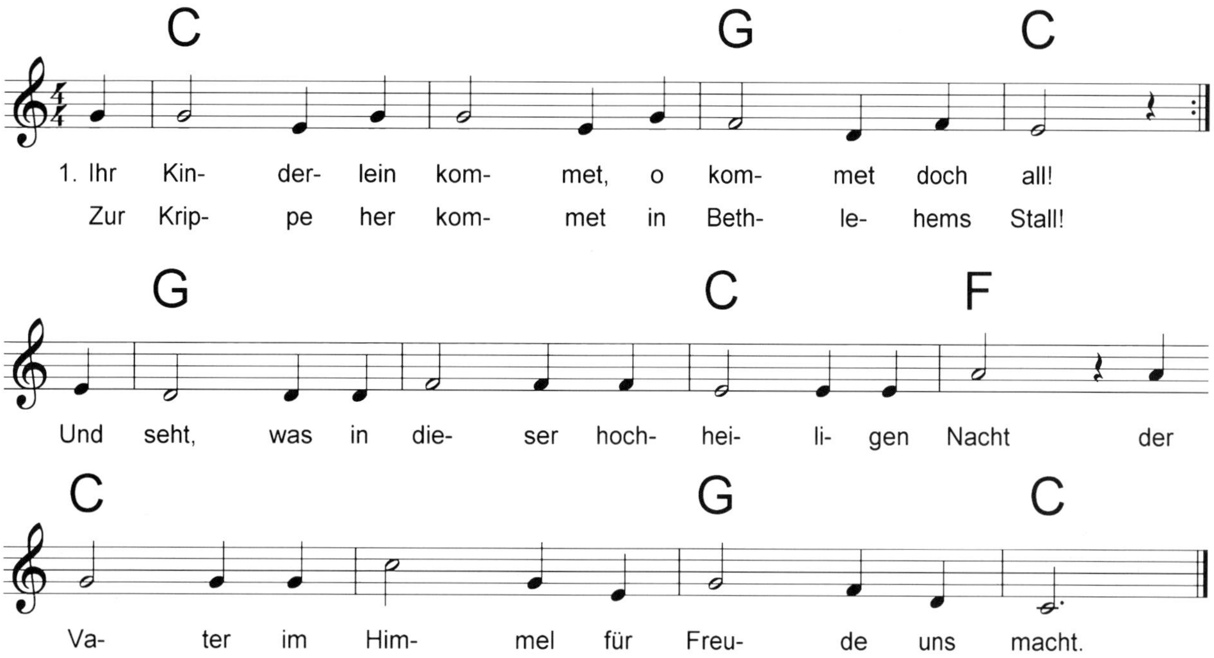

2. Da liegt es, das Kindlein, auf Heu und auf Stroh,
Maria und Josef betrachten es froh.
Die redlichen Hirten knie'n betend davor,
hoch oben schwebt jubelnd der Engelein Chor.

3. O beugt, wie die Hirten, anbetend die Knie.
Erhebet die Händlein und danket wie sie.
Stimmt freudig, ihr Kinder, wer woll't sich nicht freu'n,
stimmt freudig zum Jubel der Engel mit ein.

AB 13a

Das Dreikönigsspiel

Rolf Krenzer

Es spielen mit: ein Sternträger; die drei Könige Kaspar, Melchior und Balthasar; die Sprecher; sechs Frauen und sechs Männer

Ein langer Zug von Frauen und Männern zieht hinter den drei Königen her. Es können auch noch Maria und Josef und die Krippe im Hintergrund aufgestellt werden, dazu Ochsen, Schafe, Esel usw. – so viele, dass kein Kind übrig bleiben muss. Alle singen: „Was soll das bedeuten".

1. Sprecher:	Da kommen drei Könige, drei edle Herrn!
2. Sprecher:	Drei Könige folgen dem hellen Stern.
Balthasar:	Ich bin der König Balthasar. Seht nur den Stern, so hell und klar!
Kaspar:	Ich bin König Kaspar und ging so weit. Ich folge dem Stern schon lange Zeit!
Melchior:	Und König Melchior, der bin ich! Seh ich den Stern, dann freu ich mich!
1. Sprecher:	Das sind die drei Könige, drei edle Herrn!
2. Sprecher:	Drei Könige folgen dem hellen Stern.
Balthasar:	He, Leute, wisst ihr vielleicht Bescheid? Wir sind schon unterwegs so lange Zeit!
Kaspar:	Wir folgen so lang schon dem hellen Stern. Wir suchen den neuen König, den Herrn!
Melchior:	Der Stern am Himmel weiß viel, viel mehr. Drum ziehen wir alle hinter ihm her.
1. Sprecher:	Seht ihr die drei Könige, drei edle Herrn?
2. Sprecher:	Drei Könige folgen dem hellen Stern.
1. Mann:	Hört zu, ihr Männer, wir wissen nicht viel.
1. Frau:	Vielleicht seid ihr hier aber richtig am Ziel!
2. Mann:	Seht ihr den Stall dort drüben stehn?
2. Frau:	Ihr sollt zu dem Stall schnell gehn!
3. Mann:	Ich weiß, dass dort zwei arme Leute sind.
3. Frau:	Und in der Krippe liegt ein Kind!

4. Mann:	Es kamen Hirten, die sagten schon, das Kind im Stall sei Gottes Sohn.
4. Frau:	Drum haben sie sich in der dunklen Nacht sogleich zu ihm auf den Weg gemacht.
5. Mann:	Das Kind liegt im Stall auf Heu und Stroh.
5. Frau:	Doch heißt es, es macht alle Menschen froh.
6. Mann:	Es kam zu uns, dass sich jeder freut!
6. Frau:	Besonders die kleinen und armen Leut´!
Die drei Könige:	Ein Wunder ist in dem Stall geschehn! Drum lasst uns schnell zu dem König gehen. Der König ist groß und wunderbar!
	Auf, Melchior, Kaspar und Balthasar!
1. Sprecher:	Da gehen die drei Könige, die edlen Herrn!
2. Sprecher:	Und über dem Stall leuchtet hell der Stern.
Alle Leute:	Da bleiben wir auch nicht länger stehn. Auf, lasst uns schnell mit den Königen gehn! Das Kind in der Krippe ist Gottes Sohn. Es wissen immer mehr davon.

Alle laufen hinter dem Sternträger und den Königen zum Stall. Sobald alle im Stall sind, schließt sich die Tür. Nur der Sternträger bleibt mit seinem Stern davor stehen. Zum Abschluss können alle das Lied: „Ihr Kinderlein kommet" singen.

5. *Stern über Bethlehem*

Vorbemerkungen:
„Stern über Bethlehem“ gehört zur Gruppe der neueren Kirchenlieder. Inhaltlich beschreibt es mit schlichten Worten die Verkündigung Christi. Rhythmisch wirkt es peppig durch die Verwendung von Synkopen. Außerdem lässt die Melodie eine eher ungewöhnliche Akkordbegleitung zu.

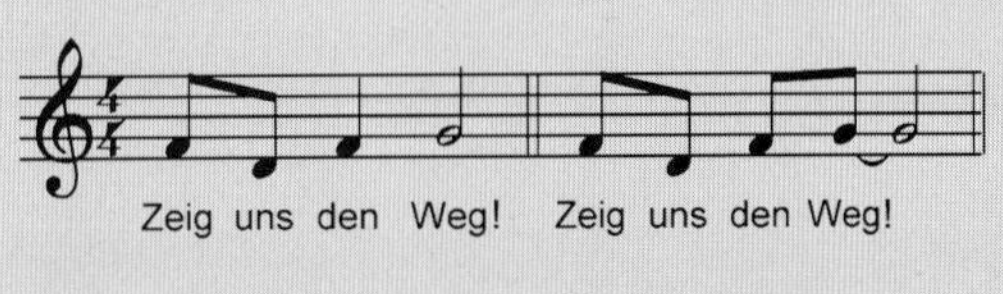

Synkope: Der rhythmische Schwerpunkt wird auf eine unbetonte Zählzeit verlagert.
Haltebogen: Er verbindet zwei Noten mit derselben Tonhöhe. Nur die erste der beiden wird angesungen bzw. angespielt, die zweite wird ausgehalten.
Es erfolgt eine Akzentverschiebung von ZZ 3 auf ZZ 2 und.

Methodische Tipps	Zeit	Medien
Musizieren und sich bewegen		
• Vorbereitende rhythmische Übung: L erklärt den S den Sinn eines Haltebogens und erarbeitet mit ihnen die drei Rhythmuszeilen durch Klatschen, Patschen und Stampfen. 	15	
Hören und Singen		
• Das Lied wird von der CD abgespielt und angehört, der Inhalt wird geklärt. Die Zeilen des Liedes werden durch Vor- und Nachsingen erarbeitet.	10	TB 16 AB 14
Musizieren		
• Eine leichte Begleitung für Glockenspiel und Triangel wird eingeübt. 	10	Glockenspiel Triangel
Singen und Musizieren		
• Das Lied wird mit allen Strophen gesungen und musiziert. • Es wird zur CD gesungen und musiziert.	10	TB 16

Stern über Bethlehem

Text und Musik: Alfred Hans Zoller

2. Stern über Bethlehem, bleibe nicht stehn.
Du sollst den steilen Pfad vor uns hergehn!
Führ uns zum Stall und zu Esel und Rind,
Stern über Bethlehem, führ uns zum Kind!

3. Stern über Bethlehem, nun bleibst du stehn
und lässt uns alle das Wunder hier sehn,
Das da geschehen, was niemand gedacht,
Stern über Bethlehem in dieser Nacht.

4. Stern über Bethlehem, wir sind am Ziel,
denn dieser arme Stall birgt doch so viel!
Du hast uns hergeführt, wir danken dir.
Stern über Bethlehem, wir bleiben hier!

6. *Die alte Moorhexe*

Vorbemerkungen:
Das Lied „Die alte Moorhexe“ regt die Fantasie der Kinder an. Es kann gesungen und szenisch dargestellt werden.

<table>
<tr><th>Methodische Tipps</th><th>Zeit</th><th>Medien</th></tr>
<tr><td>Hören von und Sprechen über Musik</td><td></td><td></td></tr>
<tr><td>• S hören von der CD ein „gespenstisches“ Playback zum Lied „Die alte Moorhexe“. Die drei Strophen werden gemeinsam gelesen. L und S sprechen über den Inhalt und die szenische Situation.</td><td>10</td><td>TB 17
AB 15</td></tr>
<tr><td>Szenisches Spiel</td><td></td><td></td></tr>
<tr><td>• S überlegen, wie die Szene mit der Moorhexe aussehen könnte und setzen die gesammelten Vorschläge praktisch um.
• L gibt einen Hexenspruch vor:

• S flüstern diesen Spruch geheimnisvoll. Ein S spielt dazu auf einem Metallofon.</td><td>10</td><td>AB 15
Metallofon</td></tr>
<tr><td>Singen</td><td></td><td></td></tr>
<tr><td>• S hören das Lied von der CD und achten auf den Ablauf von Vorspiel, Melodie, Zwischenspiel und Nachspiel.
• S lernen die Melodie mithilfe der CD. Der Refrain (hu, hu) kann durch den Hexenspruch ersetzt werden.</td><td>10</td><td>TB 17
AB 15
Metallofon</td></tr>
<tr><td>Singen, Musizieren und Szenisches Spiel</td><td></td><td></td></tr>
<tr><td>• Einige S flüstern den Hexenspruch, ein S spielt das Metallofon dazu. S nehmen ihren Anfangston vom Metallofon ab und singen die erste Strophe.
• Es folgt das Zwischenspiel mit Hexenspruch und Metallofon.
• Die zweite Strophe wird gesungen.
• Es folgt das Zwischenspiel mit Hexenspruch und Metallofon.
• Die dritte Strophe wird gesungen.
• Hexenspruch und Metallofon verklingen leise.</td><td>15</td><td>AB 15
Metallofon</td></tr>
</table>

Die alte Moorhexe

Text: Margarete Jehn; Musik: Wolfgang Jehn

2. Gegen Mitternacht jedoch
fährt sie in ihr Hexenloch,
füttert ihre sieben Schlangen,
bringt den schnellen, starken, langen
Hexenbesen in den Stall,
scharrt und raschelt überall;
hält die ganze Welt für dumm,
hext herum, hext herum.

3. Bei dem Spuk in Moor und Sumpf
ging verlor'n ihr Ringelstrumpf;
jener rote linksgestrickte
Strumpf, den ihre Schwester schickte,
hängt in einer Birke drin,
flattert einsam vor sich hin;
hält die ganze Welt für dumm,
hext herum, hext herum.

7. *Ich lieb' den Frühling* – Singen mit zweiter Stimme

Vorbemerkungen:
Das Jahreszeitenlied „Ich lieb' den Frühling" ist gut geeignet, um mit den Schülern eine zweite Stimme einzustudieren. Zu empfehlen ist auch die einfache Begleitung mit Stabspielen. Außerdem kann das Lied im Englischunterricht gesungen werden.

Methodische Tipps	**Zeit**	**Medien**
Singen und sich bewegen		
• L singt den S den Refrain des Liedes mehrfach leise vor. S gehen im Metrum singend durch den Raum und klatschen dazu.	5	
Musizieren		
• L teilt Xylofone (als Alternative auch Glockenspiele) aus und verteilt die Stimmen an jeweils zwei S. Sie üben ihre Stimmen auf den Stabspielen. L weist darauf hin, dass der Refrain mitgesungen werden kann (Achtung: Der Refrain ist auftaktig, d. h. die Silbe „di" wird erst gesungen, ab „dum" kann mitgespielt werden). • Die Klasse wird in zwei Gruppen aufgeteilt: Gruppe 1 singt den Refrain, Gruppe 2 spielt auf den Stabspielen dazu.	15	Stabspiele AB 16
Singen		
• L spielt die erste Strophe des Liedes von CD vor. Beim zweiten Hören singen S den Refrain mit. Durch weiteres Hören und Mitsingen werden Melodie und Text gefestigt. • Die Klasse wird in eine Instrumental- und eine Vokalgruppe aufgeteilt. • Die Instrumentalgruppe spielt durchgängig die Begleitung, die Vokalgruppe singt zu Beginn den Refrain (mit Wiederholung) und anschließend die erste Strophe mit Refrain.	15	TB 18 Stabspiele
Zweistimmiges Singen		
• Alle S singen zu Beginn den Refrain zweimal, dann singt Gruppe 1 die Melodie und Gruppe 2 singt fortwährend den Refrain.	5	
Erweiterung		
• Für das Einüben der weiteren Strophen sind Texthilfen förderlich – die S können zu den einzelnen Strophen Schlüsselwörter-Bilder malen, die ihnen das Erlernen des Textes erleichtern. • Hinweis: In Strophe 3 und 4 werden die Wörter „bunte" und „Schneemann" als Achtel gesungen.		AB 16

Methodische Tipps	**Zeit**	**Medien**
Singen im Kanon		
• Ablauf: Die Einsätze sind jeweils in Takt 1, 3, 5 und 7.		
Fächerübergreifender Aspekt		
• L bespricht mit den S den Inhalt des englischen Textes und übt die Aussprache durch Vor- und Nachsprechen.		

Stabspiel 1	d	d	d	d	e	e	e	e
Stabspiel 2	fis	fis	fis	fis	g	g	a	a
Stabspiel 3	a	a	h	h	h	h	cis	cis
Bass-Stabspiel oder Boomw. m. Basskappe	d	d	h	h	e	e	a	a

AB 16

Ich lieb den Frühling

Dt. Text: H. Schrader, Melodie: überliefert

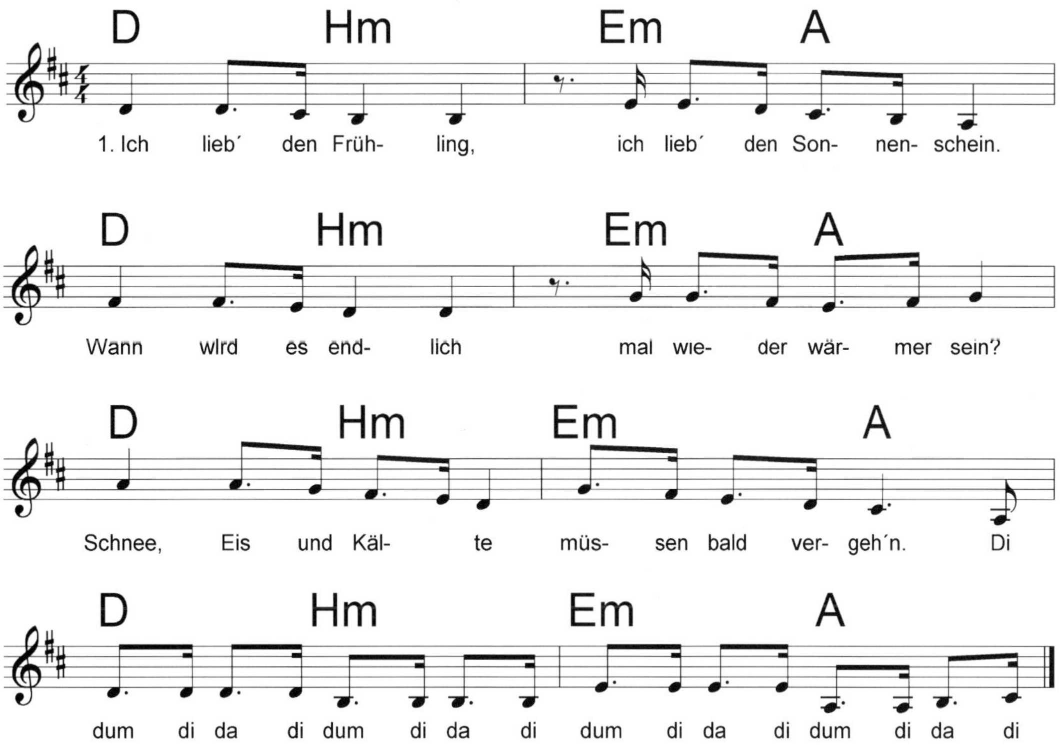

8. *Guten Morgen, der Frühling ist da* – Kennenlernen eines Liedes im 3/4-Takt

Vorbemerkungen:

Dieses Frühlingslied ist in dem für Schüler manchmal ungewohnten 3/4-Takt notiert und beginnt mit einem Auftakt, d. h., dass der erste Schwerpunkt nicht auf dem ersten Ton liegt. Schwierigkeiten treten unter Umständen auch bei der an sich einfachen Begleitung mit Stabspielen auf, daher sollten das Metrum und die Taktbetonung geübt werden, bevor eine Begleitung erarbeitet wird.

Auftakt: Das Lied oder Musikstück beginnt nicht auf der betonten ersten Zählzeit, sondern auf der unbetonten zweiten oder dritten Zählzeit.

<table>
<tr><th>Methodische Tipps</th><th>Zeit</th><th>Medien</th></tr>
<tr><td>Singen</td><td></td><td></td></tr>
<tr><td>• L singt die erste Strophe des Liedes vollständig vor oder benutzt die CD.
• L singt abschnittweise vor, S singen nach.
• S singen und patschen jeweils ZZ 1 mit.
• S singen und klatschen alle drei ZZ mit (ZZ 1 betont, ZZ 2 und 3 leise).
Hinweis: Dieses Lied ist auftaktig, d. h. die erste betonte Zählzeit kommt nicht zu Beginn, sondern erst nach den ersten beiden Achteln (Betonung auf „Mor-gen").</td><td>10</td><td>TB 19
AB 17</td></tr>
<tr><td>Musizieren</td><td></td><td></td></tr>
<tr><td>• L teilt Stabspiele sowie Rhythmusinstrumente aus. S üben die Begleitung in der Kleingruppe.

Stabspielbegleitung zu „Guten Morgen, der Frühling ist da"

Alles viermal spielen !
Hinweis: Die erste und zweite Stimme enthält den Ton „cis". Sie benötigen dafür Stabspiele mit zwei Reihen Stäben (= chromatische Instrumente)
• S präsentieren ihre Ergebnisse. Danach singen alle das Lied gemeinsam – eine Kleingruppe begleitet die Klasse.</td><td>20</td><td>Stabspiele

Rh.-Instr.</td></tr>
<tr><td>• S singen und spielen alle gemeinsam zur CD.</td><td>10</td><td>TB 19</td></tr>
<tr><td>Fächerübergreifender Aspekt</td><td></td><td></td></tr>
<tr><td>• Ein Frühlingsgedicht wird auswendig gelernt und vorgetragen.</td><td></td><td></td></tr>
</table>

Guten Morgen, der Frühling ist da

Text und Melodie: Jutta Richter

2. Guten Morgen, der Kuckuck ruft.
Guten Morgen, welch Blütenduft.
Guten Morgen, guten Morgen,
der Frühling ist da.

3. Guten Morgen, die Sonne scheint.
Guten Morgen, genug geweint.
Guten Morgen, guten Morgen,
der Frühling ist da.

9. *Weißt du, wie der Sommer riecht?*

Vorbemerkungen:
Dieses recht unbekannte Sommerlied spricht in vielen Abschnitten die Lebenswelt der Schüler an.

Methodische Tipps	**Zeit**	**Medien**
Sprechen über Musik		
• L verteilt an S Behälter, an denen die S riechen sollen (Behälter z. B. gefüllt mit Obst, Sonnencreme, Limonade). • S riechen mit verschlossenen Augen daran und berichten, was sie gerochen haben. • L lenkt das Gespräch auf den Sommer: „Was kann man alles im Sommer riechen?“ • L präsentiert an der Tafel Textabschnitte der ersten Strophe in ungeordneter Reihenfolge – S lesen vor und versuchen gemeinsam, den Text zusammenzusetzen.	15	Behälter (gefüllt) Textabschnitte an der Tafel AB 18
Hören und Singen		
• L spielt Melodie (CD) vor und singt mit (8 Takte). • S versuchen nach erstem Hören mitzusingen. • Mit den Takten 9–16 wird gleicht verfahren.	10	TB 20
Musizieren		
• L teilt Stabspiele aus und S üben die Begleitung in Kleingruppen. Stabspielbegleitung zu „Weißt du, wie der Sommer riecht?“ 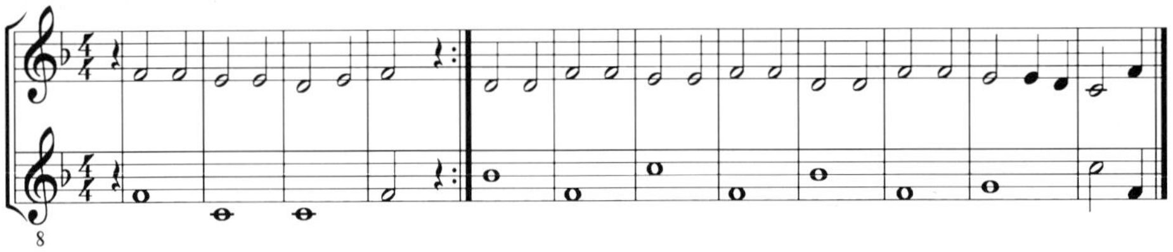 • S präsentieren ihre Ergebnisse und spielen danach ihre Begleitung zum Playback. • Klasse singt zum Playback das Lied, anschließend kommen wieder die Stabspiele zum Einsatz.	20	Stabspiele TB 20
Fächerübergreifender Aspekt		
• Kunst: S malen ihr Sommerbild. • Sachunterricht: Das Lied ist geeignet zum Einstieg in das Thema „Sinne“.		

Weißt du, wie der Sommer riecht?

Text: Ilse Kleberger; Melodie: Jürgen Blume

2. Weißt du, wie der Sommer schmeckt? Nach gelben Aprikosen
und Walderdbeeren, halb versteckt zwischen Gras und Moosen,
nach Himbeeren, Vanilleeis und Eis aus Schokolade,
nach Sauerklee vom Wiesenrand und Brauselimonade.

3. Weißt du, wie der Sommer klingt? Nach einer Flötenweise,
die durch die Mittagsstille dringt, ein Vogel zwitschert leise,
dumpf fällt ein Apfel in das Gras, ein Wind rauscht in den Bäumen,
ein Kind lacht hell, dann schweigt es schnell und möchte lieber träumen.

10. *Im Land der Blaukarierten*

Vorbemerkungen:
Dies ist ein Lied, das sich mit der Toleranz gegenüber Minderheiten auseinandersetzt. Das Mehrheits-/Minderheitsproblem lässt sich über das Musizieren mit allen oder vielen (Tutti) und Einzelnen (Solo) darstellen.

Methodische Tipps	**Zeit**	**Medien**
Sprechen über Musik		
• S hören das Lied von der CD und geben den Textinhalt mit eigenen Worten wieder. • S machen Vorschläge, wie die einzelnen Strophen mit Instrumenten gestaltet werden können. **Es gibt die Blaukarierten:** Handtrommel **Es gibt die Rotgefleckten:** Klanghölzer **Es gibt die Grüngestreiften:** Guiro **Es gibt die Gelbgetupften:** Schellenring • Den S werden verschiedene Instrumente zugeordnet. Die jeweilige Mehrheit spielt gegen die jeweilige Minderheit.	15	TB 21
Singen		
• L holt sich die Anfangstöne (d1-g1) von einem Instrument und singt sie den S vor. S singen nach. **Anfangston**: Bei einem Liedbeginn auf der 1. Zählzeit eines Taktes (= Volltakt) genügt dieser Ton. Bei einem Liedbeginn auf einer anderen Zählzeit werden alle Töne des Auftaktes und der erste Ton des nächsten Volltaktes angegeben. • S lernen die Melodie durch Vor- und Nachsingen.	10	AB 19
Singen und Musizieren		
• Die Instrumente werden verteilt, der Ablauf besprochen. • S singen und musizieren das Lied.	15	Rh.-Instr. AB 19
Fächerübergreifender Aspekt		
• Sachunterricht: Das Thema „Freunde“ wird behandelt.		

Im Land der Blaukarierten

Text und Melodie: Klaus W. Hoffmann

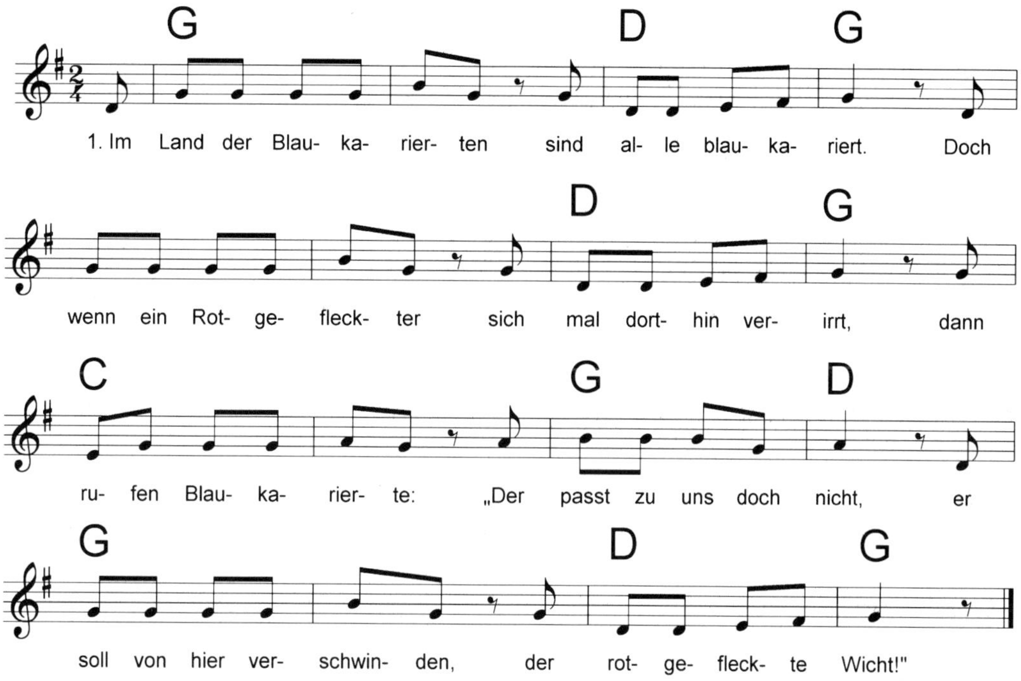

2. Im Land der Rotgefleckten
sind alle rotgefleckt.
Doch wird ein Grüngestreifter
in diesem Land entdeckt,
dann rufen Rotgefleckte:
Der passt zu uns doch nicht!
Er soll von hier verschwinden,
der grüngestreifte Wicht!"

3. Im Land der Grüngestreiften
sind alle grüngestreift.
Doch wenn ein Blaukarierter
so etwas nicht begreift,
dann rufen Grüngestreifte:
„Der passt zu uns doch nicht!
Der soll von hier verschwinden,
der blaukarierte Wicht!"

4. Im Land der Buntgemischten
sind alle buntgemischt.
Und wenn ein Gelbgetupfter
das bunte Land auffrischt,
dann rufen Buntgemischte:
„Willkommen hier im Land!
Hier kannst du mit uns leben,
wir reichen dir die Hand!"

11. *Gestern an der Haltestelle*

Vorbemerkungen:
Dies ist ein vielseitig verwendbares Lied. Es bietet einen Erzählanlass, um über Erlebtes zu sprechen, eine Weiterführung der rhythmischen Arbeit (= Dreiachtelnote als Metrumeinheit) und Spaß bei der szenischen Darstellung.

Dreiachtelnote: In sehr vielen Fällen ist die Viertelnote die Zähleinheit. Sie wird unterteilt in zwei halb so lang auszuhaltende Achtelnoten.
In dem Falle des Liedes „Gestern an der Haltestelle“ ist nun die Dreiachtelnote Einheit und wird in drei Achtelnoten unterteilt.

Methodische Tipps	Zeit	Medien
Einstimmung		
• L erzählt von einer Begebenheit, die sich an einer Bushaltestelle ereignet hat: Ein Ausländer versucht, sich in seiner Sprache verständlich zu machen – mit wechselndem Erfolg. • S berichten von eigenen Erfahrungen.	10	
Musizieren		
• L spricht die erste Textzeile vor, die S sprechen nach. 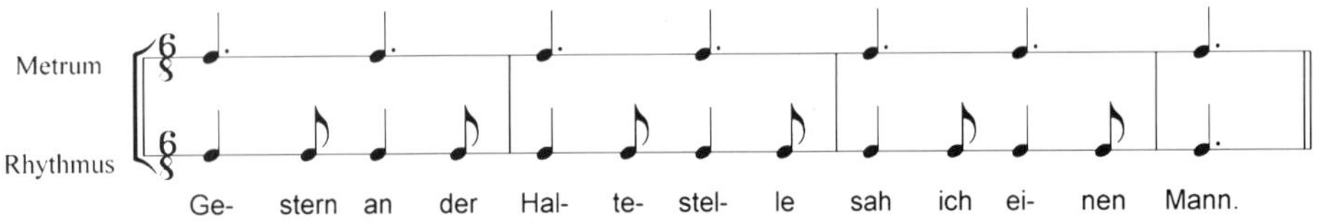 • L klatscht den Rhythmus, S stampfen dazu das Metrum. • S wiederholen Metrum und Rhythmus in zwei Gruppen und sprechen dazu den Text. • 1. und 2. Zeile werden im Zusammenhang gesprochen. • L spricht die 3. Zeile vor (= rhythmische Variante). • S sprechen die Zeile nach und artikulieren sehr deutlich, weil dies den Rhythmus sichert. 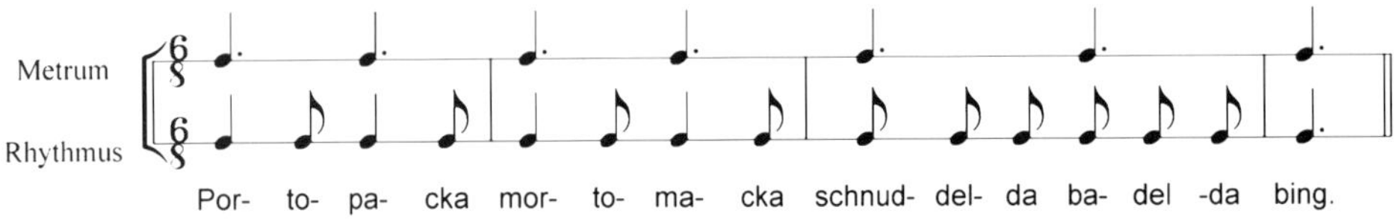 • Die gesamte 1. Strophe wird vor- und nachgesprochen.	10	AB 20

Methodische Tipps	**Zeit**	**Medien**
Singen		
• S hören das Lied von der CD. • Die Melodie wird durch Vor- und Nachsingen erarbeitet.	10	TB 22
Szenisches Spiel		
• Einige S lesen die Zwischentexte: Erzähler, 1. Mann, 2. Mann, 3. Mann.	10	AB 20
Singen und Darstellen		
• L holt sich Anfangston von Instrument (c1) und singt ihn S vor. S geben Anfangston zurück. • Alle Strophen werden gesungen und szenisch dargestellt.	5	
Fächerübergreifender Aspekt		
• Deutsch: S erfinden Fantasieverse im gleichen Rhythmus und tragen sie vor.		

AB 20

Gestern an der Haltestelle

Text: Ortfried Pörsel; Melodie: Heinz Lemmermann

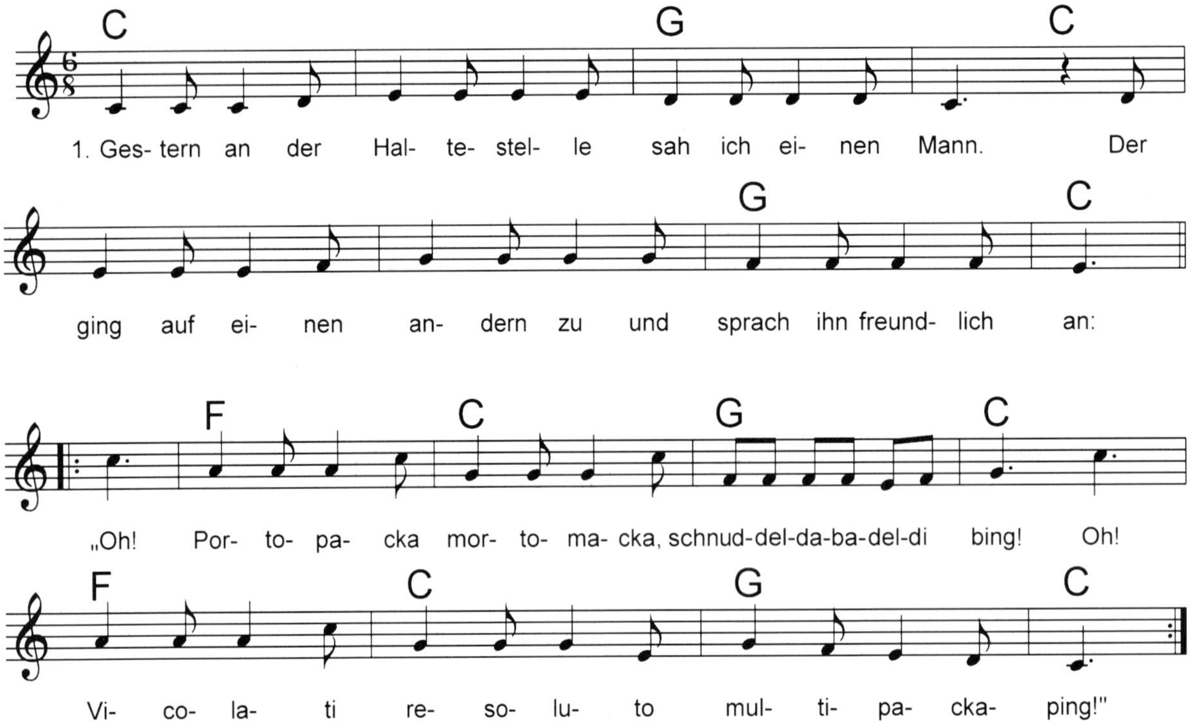

Sprechen: Der andre sprach: „Bedaure sehr! Ich höre leider etwas schwer.
Kann gar nichts verstehn, doch da steht einer, fragen Sie den!"

Singen: 2. Kurz entschlossen ging der Fremde zu dem zweiten Mann.
Er zog sehr höflich seinen Hut und sprach ihn freundlich an: „Oh! …"

Sprechen: Der zweite sagte ihm ganz schlicht: „Ich spreche Ihre Sprache nicht.
Kann gar nichts verstehn, doch da kommt einer, fragen Sie den!"

Singen: 3. Ohne Zögern ging der Fremde zu dem dritten Mann.
Der kam gerade dort vorbei, den sprach er freundlich an: „Oh! ..."

Sprechen: Der dritte aber lachte nur und zeigte seine Armbanduhr:
Oh! Porto packa morto macka schnuddelda baddeldi bing!
Rata pata mata puti multi pata ping."

Singen: 4. Lachend gingen alle beide weiter in die Stadt.
Und nun weiß ich, was der Fremde da geredet hat: „Oh! ..."

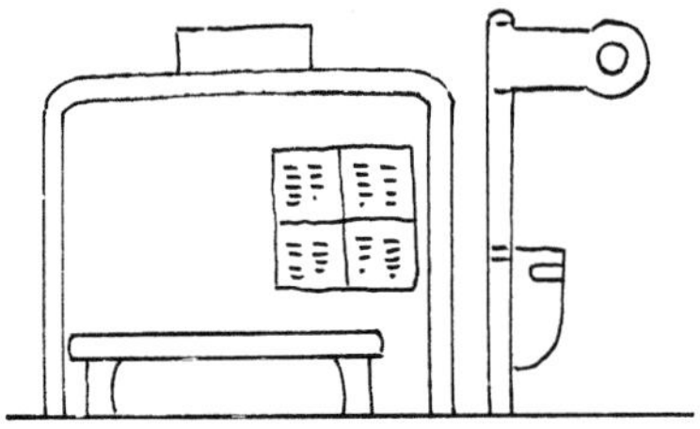

1. Tägliches Vor- und Nachklatschen

Vorbemerkungen:
Rhythmuserziehung ist im Musikunterricht der Grundschule unbedingt erforderlich. Allerdings sollte dieses Training nicht Gegenstand einer einzigen Unterrichtseinheit sein. Es wird die Schüler in der ganzen Grundschulzeit begleiten.
Besonders effektiv ist das Vor- und Nachklatschen im ritualisierten Grundschulunterricht, denn dort können Rhythmusübungen täglich zu Beginn des Unterrichts eingesetzt werden.

Rhythmusbeispiele

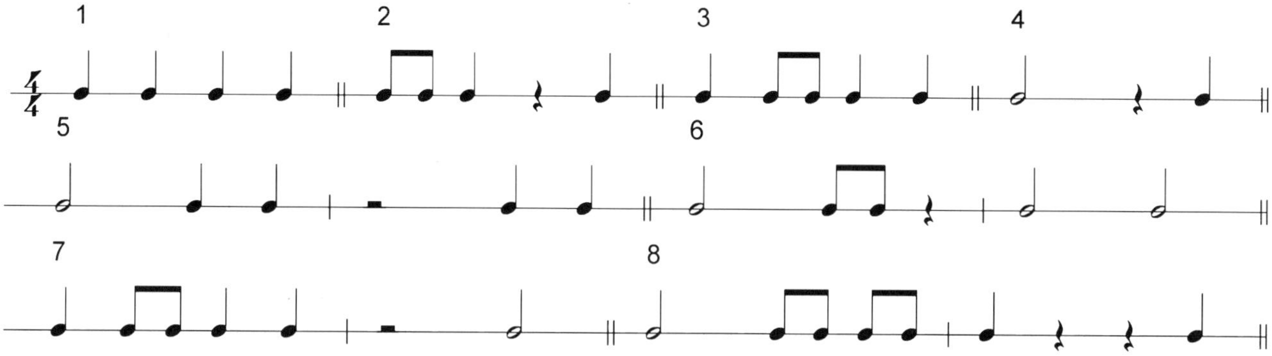

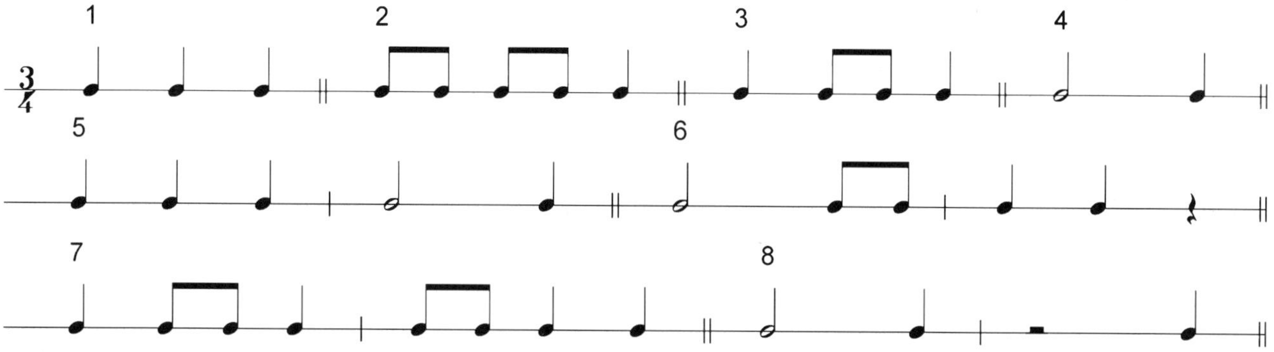

Methodische Tipps	**Zeit**	**Medien**
Musizieren		
• L erklärt S den Ablauf der Klatschübungen: L klatscht allein vor, dann klatschen die S den Rhythmus auf ein Signal des L nach. • L klatscht einen eintaktigen Rhythmus vor – S klatschen nach. • Es folgt eine mehrfache Wiederholung, bis möglichst viele S den Rhythmus beherrschen. • Die Übung wird mit weiteren eintaktigen Rhythmen im 4/4-Takt fortgesetzt. • Rhythmen können auch gestampft, gepatscht oder geschnipst werden.	15	
• Stampfen, Patschen, Klatschen kann innerhalb eines Rhythmus abgewechselt werden.  patsch – klatsch – klatsch – patsch – patsch ...	10	
Musizieren		
• In der Fortsetzung der Übung werden weitere zweitaktige Rhythmen im 3/4- und 4/4-Takt eingesetzt. • Die Singstimme mit sch – sch, f – f, hui – hui und ha – ha als „Rhythmusinstrument“ einsetzen. • Zwei Gruppen werden gebildet: Gruppe 1 klatscht Metrum, Gruppe 2 den verabredeten Rhythmus.	15	

2. Wir ordnen Rhythmusinstrumente

Vorbemerkungen:
Die Elementarinstrumente können nach unterschiedlichen Kriterien geordnet werden, beispielsweise nach der Form, der Spielweise, dem entstehenden Klang oder dem Material, aus dem sie bestehen. Eine bewährte und von den Schülern sichtbar nachzuvollziehende Möglichkeit stellt die Ordnung nach dem Material dar.

Holzinstrumente: Klanghölzer, Maracas, Röhrenholztrommel, Holzblocktrommel, Guiro **Fellinstrumente**: Handtrommel, Bongos, Pauke, Schellentrommel	**Metallinstrumente**: Triangel, Becken, Schellenring, Cabasa

Methodische Tipps	**Zeit**	**Medien**
Musikinstrumente ordnen		
• L fordert die S auf, vorhandenes Instrumentarium zu ordnen. • S finden unterschiedliche Ordnungskriterien, die sie begründen sollen. • Stummer Impuls: L legt Holzblocktrommel und Klanghölzer nebeneinander. • S ordnen die Instrumente nach den Kriterien Holz-, Fell- und Metallinstrumente.	10	Rh.-Instr.
Musizieren		
• S bilden drei Gruppen mit jeweils Holz-, Fell- und Metallinstrumenten. • L hält Karten mit den Begriffen Holz, Fell und Metall abwechselnd hoch – die jeweiligen Gruppen spielen auf ihren Instrumenten.	10	Bildkarten Rh.-Instr.
• S erhalten AB und tragen Holz-, Fell- und Metallinstrumente ein.	10	AB 21
Hören		
• L teilt eine Tabelle zum Hören von Instrumenten aus. • L spielt verdeckt ein Instrument – S kreuzen in der Tabelle an, welches Instrument sie gehört haben.	10	Rh.-Instr. AB 22

Holzinstrumente	**Fellinstrumente**	**Metallinstrumente**
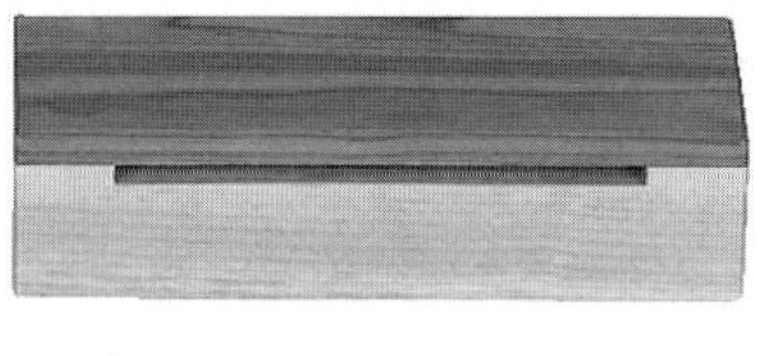		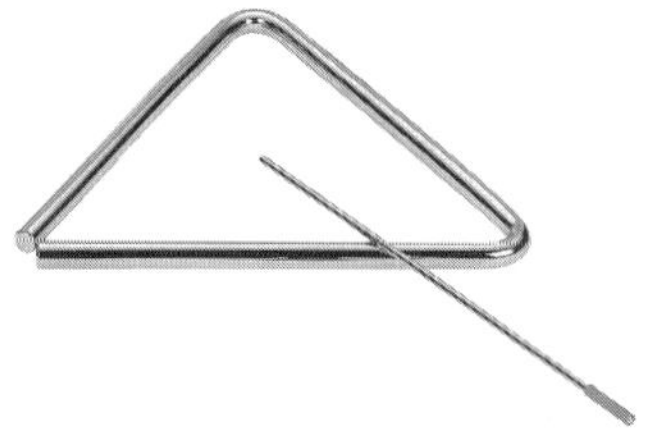

AB 21

Wir ordnen unsere Instrumente

Schau dir die Instrumente genau an, spiele sie kurz und trage die Instrumentennamen in die Tabelle ein. Wenn du den Namen nicht mehr weißt, kannst du es auch hineinmalen.

Holzinstrumente	Fellinstrumente	Metallinstrumente
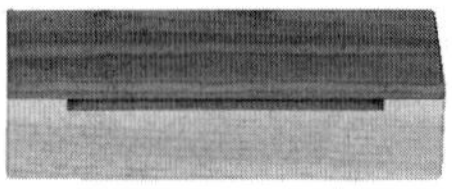		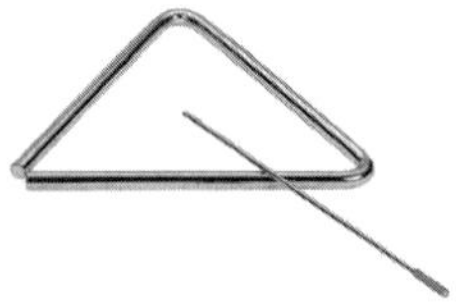

Gibt es auch Instrumente, die du ni[illegible]annst? Trage sie hier ein.

Wir hören verschiedene Instrumente

Kreuze in jeder Reihe das Instrument an, das du gehört hast.

				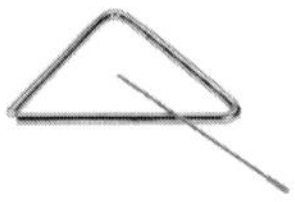			
1							
2							
3							
4							
5							
6							
7							
8							
9							
10							

Kennst du noch die Namen dieser Instrumente?

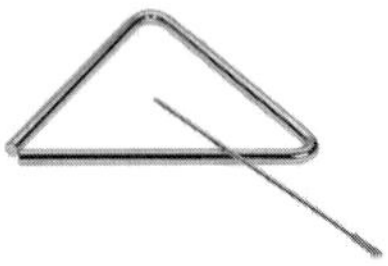 ______________________________

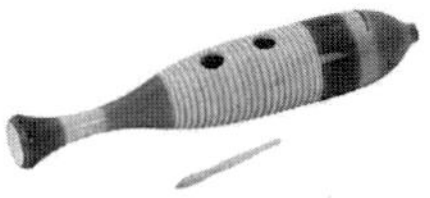 ______________________________

 ______________________________

 ______________________________

3. Das Spukschloss – eine Klanggeschichte

Vorbemerkungen:
Mit der Stimmbildungsgeschichte „Gespenster“ kann man die Schüler leicht auf das Lied „Das Spukschloss“ einstimmen.
Das kurze Lied steht in dorischer Tonart und singt sich daher etwas ungewohnt.
Bei der Verklanglichung selbst wechseln sich Instrumentalspiel und Gesang regelmäßig ab.
Zur Textunterstützung kann das Arbeitsblatt als Folie präsentiert werden.
Die Verklanglichung der Schlüsselwörter (= Wörter, die sich für eine Vertonung besonders eignen) sollte ausführlich besprochen werden.

Empfehlung zur Instrumentenauswahl:
Glocken (Gong, Stabspiele), Windhauch (Reiben auf der Handtrommel, eigene Stimme), Regen (Handtrommel, Klanghölzer, Holzblocktrommel), Blitze (Becken), leise Stimmen (geheimnisvolles Flüstern), Tanz der Geister (alle Instrumente), „Ist der ganze Spuk vorbei“ (Musizieren im decrescendo aller Instrumente; decrescendo = leiser werden)

Methodische Tipps	**Zeit**	**Medien**
Singen		
• L erzählt den S die Stimmbildungsgeschichte „Gespenster“. • S machen mit.	10	AB 23
Singen		
• L übt mit den S die Melodie des Liedes, evtl. Anhören der CD. • S üben mit Textunterstützung (Folie) die einzelnen Strophen.	10	TB 23 AB 24 (Folie)
Musizieren		
• S überlegen gemeinsam, welche Instrumente für eine Verklanglichung der einzelnen Strophen geeignet sind und probieren diese aus. • 1. Durchlauf: S singen gemeinsam das Lied. Im Anschluss an jede Strophe wird die Uhrzeit gespielt (z. B. Gong oder Stabspiele) und dann der Inhalt verklanglicht. • Das Ergebnis sollte realistisch besprochen und kritisch betrachtet werden. Die Instrumentenauswahl kann bei Bedarf geändert werden. • 2. Durchlauf: Instrumente werden gewechselt und Geschichte erneut verklanglicht.	20	Instrumente
Textvertiefung		
• S bearbeiten das AB.	10	AB 24
Fächerübergreifender Aspekt		
• S lernen, das Gedicht ausdrucksvoll vorzutragen.		

Stimmbildungsgeschichte – Gespenster

Lockerung der Muskulatur	Es ist Nacht. Die Turmuhr schlägt zwölf (L schlägt zwölf Mal ein Instrument an). Im Schloss Schreckenstein erwachen zwei kleine Gespenster. Sie drücken den Deckel ihrer Schlaftruhe auf, ...	Arme nach oben recken
	... gucken vorsichtig nach links und rechts ...	Kopf nach links und rechts schwenken
	... und krabbeln heraus.	Trappelnde Bewegungen mit den Füßen
Lockerung des Körpers	Sie recken sich und strecken sich, ...	Auf die Zehenspitzen stellen und Arme abwechselnd nach oben strecken
Mundmotorik	... sie gähnen ...	Mehrfaches übertriebenes Gähnen
	... und schütteln ihre kleinen Gespensterhände aus.	Mehrfaches Schütteln der Hände und Strecken der Finger
	„Puh, ist es kalt!“	Arme um den Körper legen und „sich wärmen“
Atmung	„Vorsicht! Was kommt da vorbeigelaufen?“	Kurzes, kräftiges, stoßhaftes Einatmen (mehrfach)
	„Ach, es war nur eine kleine Maus.“	Tiefes, erleichtertes Ein- und Ausatmen
	Die Gespenster machen sich auf den Weg durch das Schloss.	Auf dem Platz laufen
	„Was liegt denn da in der Ecke? Mmmh, ein Stück Apfel. Den hat bestimmt die Maus vergessen. Der Apfel riecht so gut!“	Pantomimisches Riechen – tiefes Einatmen und Ausatmen auf das Kommando „Mmmh“
Tonumfang erweitern	Nun wird es aber Zeit, alle gehörig zu erschrecken! Die kleinen Gespenster stimmen ein schauriges Geheul an!	Tiefes Einatmen – Glissando vom tiefsten bis zum höchsten Ton
	Das war anstrengend. Es wird Zeit, wieder schlafen zu gehen.	Tiefes Einatmen – Lippentriller als Glissando vom höchsten zum tiefsten Ton
	Die Gespenster krabbeln wieder in ihre Schlaftruhe und träumen.	Trappelnde Bewegungen mit den Füßen, ruhige Atmung

Wenn des Nachts die Glocken

unbekannt

Wenn des Nachts die Glocken 8 Uhr schlagen,
geht ein Windhauch durch das Schloss.

Wenn des Nachts die Glocken 9 Uhr schlagen,
klopft der Regen an die Scheiben.

Wenn des Nachts die Glocken 10 Uhr schlagen,
schlagen schon die Blitze ein.

Wenn des Nachts die Glocken 11 Uhr schlagen,
hört man leise Stimmen schon.

Wenn des Nachts die Glocken 12 Uhr schlagen,
geht der Tanz der Geister los.

Wenn des Nachts die Glocken 1 Uhr schlagen,
ist der ganze Spuk vorbei.

Schreibe oder male in die Kästchen die Instrumente, die ihr verwendet habt.

4. Spiele mit Rhythmusinstrumenten

Vorbemerkungen:
Die Spiele mit Rhythmusinstrumenten dienen dazu, den Umgang mit den einzelnen Instrumenten zu üben, die Klangarten kennenzulernen und in einer Gruppe nach verabredeten Regeln zu spielen. Das Rhythmus- und Metrumgefühl wird gestärkt und das Wissen über die einzelnen Rhythmusinstrumente gefestigt.

Methodische Tipps	**Zeit**	**Medien**
Musizieren		
• Alle S spielen gleichzeitig auf ihrem Instrument. • L zeigt gestisch die Lautstärke an (Beide Handflächen waagerecht übereinander legen: ganz leise, der Handabstand wird größer: immer lauter werden).	5	Rh.-Instr.
• Auf ein verabredetes Signal (z. B. Schlagen auf den Triangel) beginnen alle S, gleichzeitig zu spielen, ertönt das Signal ein zweites Mal, hören alle gleichzeitig auf. • Das Signalinstrument bestimmt gleichzeitig die Lautstärke, d. h. je lauter das erste Signal ist, desto lauter wird gespielt.	5	Rh.-Instr.
• Ein S muss einen versteckten Gegenstand mithilfe der Gruppe suchen. Je näher er ihm kommt, desto lauter spielt die Gruppe.	5	Gegenstand
• Stumme Signale: Alle S versuchen, nach einer kurzen, stillen Phase, gleichzeitig zu spielen und auch wieder aufzuhören, ohne dass ein mündliches Signal gegeben wird.	5	Rh.-Instr.
• Alle S versuchen, sich während des Spiels auf ein Metrum zu einigen.	5	Rh.-Instr.
• Lawine: S sitzen im Kreis. Ein S beginnt zu spielen, dann kommt der nächste S und spielt mit, bis die ganze Gruppe spielt. Dann hört der erste S wieder auf, dann der zweite S usw., bis alle S wieder ruhig sind.	5	Rh.-Instr.
• Lawine (Variation): Der erste S spielt einen Rhythmus, der von den folgenden S imitiert wird.	5	Rh.-Instr.
• Tutti-Solo-Spiel: Die Gruppe spielt mehrfach einen vorher verabredeten Rhythmus. • Ein S spielt nun alleine einen freien Rhythmus auf seinem Instrument. Dann spielt wieder die Gruppe den vorherigen Rhythmus.	10	Rh.-Instr.

5. Das Hexeneinmaleins – ein Klanggedicht

Vorbemerkungen:
Das Hexeneinmaleins stammt aus Johann Wolfgang von Goethes „Faust I“. Es eignet sich gut zum Sprechen und Begleiten mit Rhythmusinstrumenten, da der Text in Gedichtform stark rhythmisiert ist. Folgender Begleitrhythmus bietet sich an:

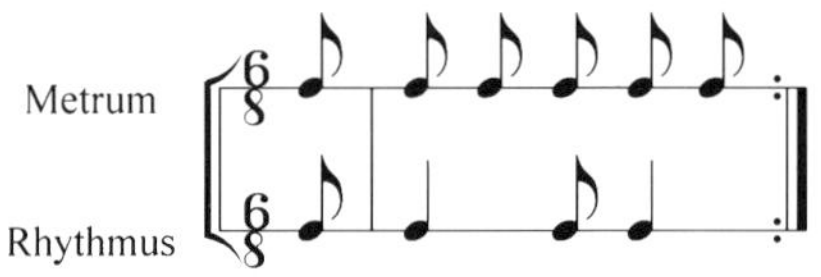

Außerdem werden die musikalischen Eigenschaften crescendo und decrescendo eingeführt. Günstig ist eine gruselige Stimmung in abgedunkeltem Raum mit Kerzenschein.

crescendo: musikalische Bezeichnung für „lauter werden“ (<)
decrescendo: musikalische Bezeichnung für „leiser werden“ (>)

Methodische Tipps	Zeit	Medien
Einstimmung		
• L führt S mit der Stimmbildungsgeschichte „Gespenster“ in das Thema ein (siehe Stundenbild „Das Spukschloss“).	10	AB 23
Sprechen über Musik		
• L präsentiert das Gedicht an der Tafel. S sprechen den Text gemeinsam.	5	AB 25 (Folie)
Sprechen über Musik		
• L erklärt die Zeichen für crescendo (<) und decrescendo (>). • S sprechen den Text mit zunehmender Lautstärke und deutlicher Aussprache.	5	AB 25 (Folie)
Musizieren		
• L gibt Rhythmus vor (s. o.) und S sprechen das Gedicht auf diesen Rhythmus. • Der Einsatz von Instrumenten, die der Verstärkung dienen, wird angeregt. Die S wählen je ein Instrument aus.	5	Rh.-Instr.
• Bei einem erneuten Durchlauf sprechen und spielen die S ein starkes crescendo unter Beibehaltung des Rhythmus. Nur die letzte Zeile wird leise und geheimnisvoll gestaltet. • Es folgt eine mehrfache Wiederholung, bis ein zufriedenstellendes Ergebnis erreicht ist.	10	Rh.-Instr.
• S bearbeiten das AB.	10	AB 25
Fächerübergreifender Aspekt		
• S versuchen, das magische Quadrat zu ergründen.		AB 26

Das Hexen-Einmaleins

Johann Wolfgang von Goethe

„Du musst verstehn!
Aus Eins mach Zehn
und Zwei lass gehn
und Drei mach gleich,
so bist du reich.
Verlier die Vier!
Aus Fünf und Sechs,
so sagt die Hex',
mach Sieben und Acht,
so ist's vollbracht:
Und Neun ist Eins
und Zehn ist keins.
Das ist das Hexen-Einmaleins!"

Trage hier die Klangzeichen ein, die du heute kennengelernt hast.

	lauter werden (crescendo)
	leiser werden (decrescendo)

Mit welchen Instrumenten haben wir heute gespielt? Trage hier die Namen ein und male die Instrumente in die Kästchen.

Das Hexen-Einmaleins

Im magischen Quadrat sind die Summen der Spalten, Zeilen und Diagonalen immer gleich. Das Goethesche Quadrat ist nur „halbmagisch“, da hier nur die Summen der Zeilen und Spalten sowie eine Diagonale übereinstimmen.

Aus Eins mach Zehn, die Zwei lass geh'n und Drei mach gleich, so bist du reich.	Die Zahlen 10, 2, 3 werden in die erste Reihe geschrieben. Summe: 10 + 2 + 3 = 15
Verlier die Vier! Aus Fünf und Sechs, so sagt die Hex', mach Sieben und Acht, so ist's vollbracht.	Die Zahl Vier wird fallen gelassen. Die Zahlen 5 und 6 werden ersetzt durch 7 und 8 Summe: 0 + 7 + 8 = 15 Die dritte Reihe entsteht durch die vorher weggelassene 5 und 6 und die verlorene 4 Summe: 5 + 6 + 4 = 15
Und Neun ist eins und Zehn ist keins. Das ist das Hexeneinmaleins!	Neun Felder ergeben ein magisches Quadrat. Zehn Felder gibt es nicht.

10	2	3	= 15
0	7	8	= 15
5	6	4	= 15
= 15	= 15	= 15	

6. Rhythmusspiele zur Entwicklung des Formgefühls

Vorbemerkungen:
Diese Spiele fordern von den Schülern eine hohe Aufmerksamkeit und den Willen, sich auch solistisch kreativ zu äußern. Diese Unterrichtsstunde ist für eine Doppelstunde bzw. zwei Einzelstunden ausgelegt.

> Ein **Rondo** besteht aus einem Wechsel von einer immer wiederkehrenden Hauptmelodie und mehreren Nebenmelodien: A B A C A D A …

Methodische Tipps	**Zeit**	**Medien**
Bewegen und Musizieren		
• S gehen zu Popmusik frei durch den Raum und spielen dazu auf Rhythmusinstrumenten das Metrum. • Alle S spielen während des Hörens einen leichten Rhythmus mit, z. B.  • S werden in zwei Gruppen geteilt: Gruppe 1 spielt das Metrum auf Handtrommeln, Gruppe 2 spielt einen leichten Rhythmus auf Klanghölzern.	15	TB 10 Rh.-Instr.
Musizieren		
• L spielt oder klatscht einen einfachen zweitaktigen Rhythmus vor, z. B. 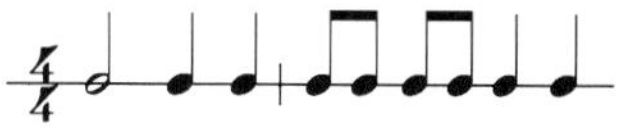 • S wiederholen ihn bzw. einzelne Gruppen wiederholen ihn nacheinander mit Fell-, Holz- und Metallinstrumenten.	15	
Musizieren		
• Rondospiel: L spielt einen kurzen und einprägsamen Rhythmus vor und lässt ihn nachspielen. 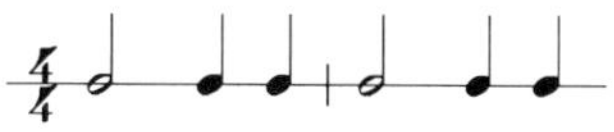 • L erklärt ihn zum Rhythmus „A“, der beim nächsten Spiel von allen gespielt werden soll. • L schreibt an die Tafel: A B A C A und fragt S, was wohl B und C bedeuten könnten. Mögliche Antwort: B = 1. Solist mit einem eigenen Rhythmus, C = 2. Solist.	10	Rh.-Instr.
Weiterführung		
• Gemeinsam wird das „Prélude (Eurovision)“ aus dem • „Te Deum“ von M. A. Charpentier gehört. • S erkennen nach mehrmaligem Hören die Rondo-Form. • L nennt die Form bei ihrem Namen: Rondo.		TB 7

7. Rhythmus- und Melodiespiele mit Boomwhackers

Vorbemerkungen:
Die folgenden Metrum- und Reihenspiele erfordern es, dass die Boomwhackers in Tonleiteraufstellung angeordnet werden. Geschult werden das Reaktionsvermögen der Schüler und das Eingehen auf die Nachbarspieler. Neben den Rhythmusspielen ist das Melodiespiel sehr beliebt.

Methodische Tipps	Zeit	Medien
Musizieren		
• S musizieren im Stuhlkreis ein Metrum zur CD. Sie zählen 1 – 2 – 3 – 4 – 1 ..., suchen die 1. ZZ und spielen nur diese zur Musik dazu.	5	TB 8 Bw.
• Sie spielen ein Metrum einzeln durch die Reihe, jeder Ton wird viermal gespielt, also c – c – c – c – d – d – d – d – ... • Jeder Ton wird zweimal bzw. dreimal gespielt. • Es wird ein Rhythmus gespielt, z. B. 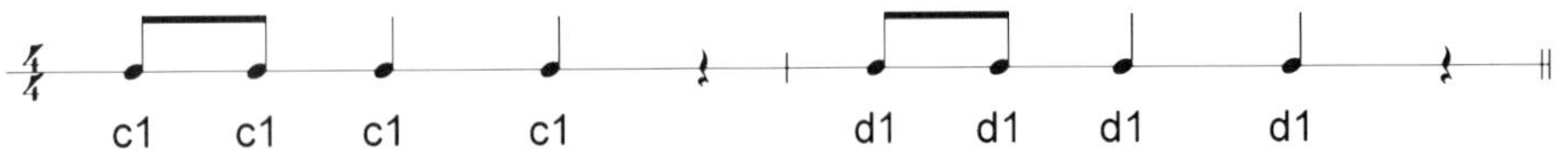 • S spielen das Springer-Spiel: Nach einem Ausgangston wird der übernächste gespielt und dann der ausgelassene nachgeholt. Der zuletzt gespielte ist neuer Ausgangston, also z. B. c1 – e1 – d1, dann d1 – f1 – e1.	15	Bw.
• S sitzen im Stuhlkreis in Tonleiteranordnung und nennen die Tonnamen ihrer Instrumente. L stellt Buchstaben-Karten zur Verfügung, die S sortieren sie nach der Tonleiter. • Sie spielen die Buchstabenreihe aufwärts/vorwärts und abwärts/rückwärts. • Einzelne S legen mit Karten Buchstabenreihen, die musiziert werden. • L singt das Lied „Ist ein Mann in Brunn` gefallen“ vor, die S singen nach. L legt den Liedanfang mit Buchstabenkarten, S spielen ihn. • Ein S zeigt auf einzelne S, die dann ihre Töne spielen. • Die Tonfolgen werden mit den Karten gelegt und nochmals gespielt. Es folgen mehrere Durchgänge mit immer neuen Tonfolgen.	20	Bw. AB 27
Musizieren		
• S spielen Liedanfänge nach Buchstaben und raten die Lieder.	15	Bw.

Tonhöhenkarten

h	**hoch c**	**c tief**
f	**g**	**a**
c tief	**d**	**e**

8. Dreiklangsspiele mit Boomwhackers

Vorbemerkungen:
Diese Dreiklangsspiele bereiten auf das Musizieren nach Raster-Notation vor.

> **Dreiklang:** Ein Dreiklang besteht aus dem 1., 3. und 5. Ton einer Tonleiter bzw. aus dem 2., 4., 6. Ton usw.

<table>
<tr><th>Methodische Tipps</th><th>Zeit</th><th>Medien</th></tr>
<tr><td>Musizieren</td><td></td><td></td></tr>
<tr><td>
<ul>
<li>S bilden zwei Spielgruppen mit den Tönen c – e – g sowie d – g – h. Die Töne f und a werden nicht benötigt. S ohne Bw benutzen Rhythmusinstrumente.</li>
<li>L spielt ein Metrum auf Klanghölzern in mäßigem Tempo vor, die S spielen nach.</li>
<li>Auf Zeichen des L spielt jeweils eine Gruppe viermal ihre Töne (alle gleichzeitig). Dies wird öfter wiederholt, bis sich gleichmäßiges Spiel eingestellt hat.</li>
<li>L zeigt Akkordkarten und erklärt den S, dass die drei übereinander stehenden Buchstaben gleichzeitig gespielt werden sollen.</li>
</ul>
<table><tr><td>g
e
c</td><td>h
g
d</td></tr></table>
<ul>
<li>S spielen die Dreiklänge nach Anzeige des L oder eines S.</li>
<li>Auf der Rückseite der Akkordkarten sind nur die Grundtöne (= 1. Ton) der Dreiklänge verzeichnet. Diese werden von S gespielt, die ihre Instrumente mit Basskappen versehen haben (= Töne klingen acht Töne tiefer und wirken als Bassstimme).</li>
</ul>
<table><tr><td>C</td><td>G</td></tr></table>
</td><td>20</td><td>Bw.
Rh.-Instr.
Akkord-
karten</td></tr>
<tr><td>Musizieren</td><td></td><td></td></tr>
<tr><td>
Die Begleitung zum Lied „Ist ein Mann in' Brunn' gefallen“ hat folgenden Gesamtablauf:
<table>
<tr><td>ZZ</td><td>1</td><td>2</td><td>3</td><td>4</td><td>1</td><td>2</td><td>3</td><td>4</td><td>1</td><td>2</td><td>3</td><td>4</td><td>1</td><td>2</td><td>3</td><td>4</td></tr>
<tr><td>Akkorde</td><td>C</td><td>C</td><td>G</td><td>P</td><td>C</td><td>C</td><td>G</td><td>P</td><td>C</td><td>C</td><td>G</td><td>P</td><td>G</td><td>G</td><td>C</td><td>P</td></tr>
</table>
ZZ = Zählzeit; P = Pause
<ul>
<li>S spielen die Dreiklangsbegleitung des Liedes mehrmals, bis das gemeinsame Musizieren sicher ist.</li>
<li>Die Rhythmusinstrumente kommen hinzu und begleiten so leise, dass die Dreiklänge gut zu hören sind.</li>
<li>Eine Gesangsgruppe wird gebildet und singt die Melodie.</li>
</ul>
</td><td>20</td><td>Bw.
Rh.-Instr.</td></tr>
</table>

9. „Melodien-Medley“ – Dreiklangbegleitung mit Boomwhackers

Vorbemerkungen:
Der Mitspielsatz begleitet die folgenden fünf Lieder, die durch zweitaktige Zwischenspiele voneinander getrennt sind: „Ich lieb' den Frühling“, „Alles im Lot auf'm Boot“, „Der Papagei ein Vogel ist“, „Lollipop“ sowie „Always look on the bright side of life“. Für die Begleitung werden die folgenden vier Dreiklänge benötigt: C, Am, Dm und G, die in dieser Folge ständig wiederholt werden. Die Grundtöne dieser Dreiklänge werden mit Boomwhackers gespielt, auf die Basskappen aufgesteckt werden, sodass sie eine Oktave (= 8 Töne) tiefer klingen.

<table>
<tr><th>Methodische Tipps</th><th>Zeit</th><th>Medien</th></tr>
<tr><td>Musizieren</td><td></td><td></td></tr>
<tr><td>
<ul>
<li>S singen das Lied „Ich lieb' den Frühling“, evtl. mit CD.</li>
<li>L erklärt den S, dass dieses Lied mit Bw. begleitet werden soll und zeigt die zugehörige Raster-Notation.</li>
<li>L führt die Wirkung der aufgesteckten Basskappen vor.</li>
<li>Vier S übernehmen das Spielen der Bass-Grundtöne.</li>
</ul>
<table>
<tr><th></th><th>1</th><th>2</th><th></th><th>4</th><th>1</th><th>2</th><th>3</th><th>4</th></tr>
<tr><td>a</td><td></td><td></td><td>○</td><td>○</td><td></td><td></td><td></td><td></td></tr>
<tr><td>g</td><td></td><td></td><td></td><td></td><td></td><td></td><td>○</td><td>○</td></tr>
<tr><td>d</td><td></td><td></td><td></td><td></td><td>○</td><td>○</td><td></td><td></td></tr>
<tr><td>c</td><td>○</td><td>○</td><td></td><td></td><td></td><td></td><td></td><td></td></tr>
</table>
</td><td>15</td><td>AB 16
(Folie)
Bw.
TB 18</td></tr>
<tr><td>
<ul>
<li>Die Bw. für die übrigen Töne werden verteilt.</li>
<li>S spielen mehrmals hintereinander den ersten Dreiklang (c – e – g). Entsprechend werden die übrigen Dreiklänge geübt.</li>
<li>Es startet ein versuchsweiser Durchlauf der zwei Begleittakte. Bei Schwierigkeiten: Nur zwei ausgewählte Stimmen üben zusammen, evtl. kombiniert mit den Bass-Stimmen.</li>
</ul>
</td><td>15</td><td>AB 28
(Folie)
Bw.</td></tr>
<tr><td>Hören und Noten verfolgen</td><td></td><td></td></tr>
<tr><td>
<ul>
<li>Anhören des Medleys zu „Ich lieb' den Frühling“ (Hinweis auf das Vorspiel mit zwei Takten).</li>
<li>S zeigt auf der Folie den Verlauf des Mitspielsatzes.</li>
</ul>
</td><td>5</td><td>TB 24
AB 28
(Folie)</td></tr>
<tr><td>Musizieren zum Playback</td><td></td><td></td></tr>
<tr><td>
<ul>
<li>Es wird nun zusammen zum Playback gespielt.</li>
</ul>
</td><td>10</td><td>TB 24
AB 28
(Folie)</td></tr>
</table>

Melodien-Medley

von D. Zuther

Vorlauf: 2 Takte

	1	2	3	4	1	2	3	4
	C		Am		Dm		G	
c	○	○	○	○	○	○		
h							○	○
a			○	○	○	○		
g	○	○					○	○
f					○	○	○	○
e	○	○	○	○				
d					○	○	○	○
c	○	○	○	○				

Die Instrumente mit Basskappen

a			○	○				
g							○	○
d					○	○		
c	○	○						

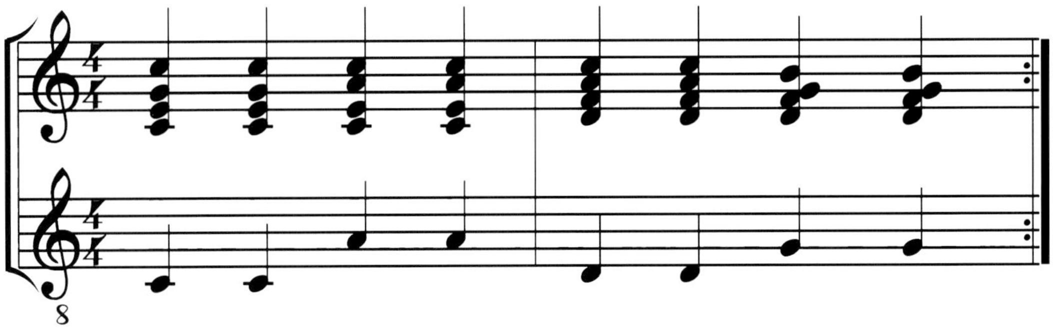

10. Erste Begegnung mit Stabspielen

Vorbemerkungen:

Stabspiele sind Instrumente mit Klangstäben verschiedener Länge, die auf Resonanzkästen aufliegen und dadurch in ihrem Klang verstärkt werden.
Glockenspiele: Stäbe aus Metall; für die höheren Tonlagen; häufig in roter, gelber oder blauer Farbe
Metallofone: Stäbe aus Metall; für die mittleren und tiefen Tonlagen; fast immer in hellgrauer Einfärbung
Xylofone: Stäbe aus Holz oder Kunststoff; gelb oder dunkelbraun
Schlägel: meist aus Holz (für die Glockenspiele) oder aus Filz (für die Metallofone und Xylofone).

Methodische Tipps	Zeit	Medien
Erkundung der Stabspiele		
• L gibt Stabspiele an S aus und lässt sie diese eine kurze Zeit ausprobieren. • L nennt einen Tonnamen, lässt ihn auf den Instrumenten suchen und vorspielen (Wiederholung mit anderen Tönen, auch unter Anleitung durch einen S). • L fragt nach dem Namen für den Ton links neben e bzw. rechts neben g usw. und lässt ihn spielen. • L lässt den höchsten/tiefsten Ton benennen und spielen. • S suchen nach Tönen, deren Namen zweimal vorkommen: c – c, d – d usw. • S lesen die Namen der Töne der Reihe nach vor, also c – d – e … und spielen sie vor (erst einzelne S, dann alle gemeinsam). • Hinweis auf Schlägelhaltung: Der Handrücken zeigt nach oben, Zeigefinger nicht auf Schlägel legen. Anschlagpunkt: Liegt in der Mitte des Stabes, der in federndem Schlag verlassen wird.	15	Stabspiele
Musizieren nach der Hand		
• L spreizt eine Hand und belegt die Finger mit Tonnamen: der kleine Finger = c, der Ringfinger = d, der Mittelfinger = e, der Zeigefinger = f, der Daumen = g. • L zeigt verschiedene Tonfolgen an, die von den S gespielt werden: c – d – c oder g – f – g usw. Reihenfolge: zeigen – Notennamen nennen lassen – spielen • Es folgt ein Spielen von verschiedenen Tönen aus. Der Anfangston muss immer angeben werden. • Das Spiel kann auf drei oder vier Töne ausgeweitet werden.	15	Stabspiele

Methodische Tipps	**Zeit**	**Medien**
Dreiklangspiele		
• L spielt einen beliebigen Dreiklang vor. • L gibt Anfangston vor und lässt ihn nachspielen. • S spielen nun nach Ansage Dreiklänge von verschiedenen Tönen aus, aufwärts und abwärts. • S legen auf die gespielten Töne/Stäbe kleine Märkchen und beschreiben die Abstände. • Sie lernen die Merkmale eines Dreiklangs: 3 Töne, getrennt durch jeweils einen Zwischenton/einen Stab. • Jeweils drei S suchen sich einen Dreiklang aus und spielen ihn, zuerst nacheinander, dann gleichzeitig.	15	Stabspiele

11. Spielen mit Stabspielen nach Gehör

Vorbemerkungen:
Das Spielen nach Gehör ist eine praktische und motivierende Art von Gehörbildung und fördert zugleich die Orientierung auf dem Instrument.

Methodische Tipps	**Zeit**	**Medien**
Orientierung auf dem Stabspiel		
• Der L gibt einen nochmaligen Hinweis auf die Schlägelhaltung und den Anschlagpunkt. • S wiederholen die Notenamen der Stäbe und spielen einzeln und gemeinsam die gesamte Tonreihe. • Die Stäbe werden auf der Folie beschriftet.	10	Stabspiele AB 29 (Folie)
Musizieren nach Gehör		
• L sagt den Anfangston an und spielt diesen rhythmisiert auf einem Altxylofon, Keyboard oder Klavier vor, z. B.  • S wiederholen diesen rhythmisierten Ton singend auf den Notennamen und spielen ihn dann nach (Wechsel zwischen Einzelspiel und Gruppenspiel). Reihenfolge: hören – singen – spielen • Es folgt ein Vor- und Nachspielen von verschiedenen Tönen aus. • Nun kann auf zwei oder drei benachbarte Töne, evtl. auch mit kleinen Tonsprüngen, erweitert werden, z. B. 	20	Stabspiele

Glockenspiel-Tastatur

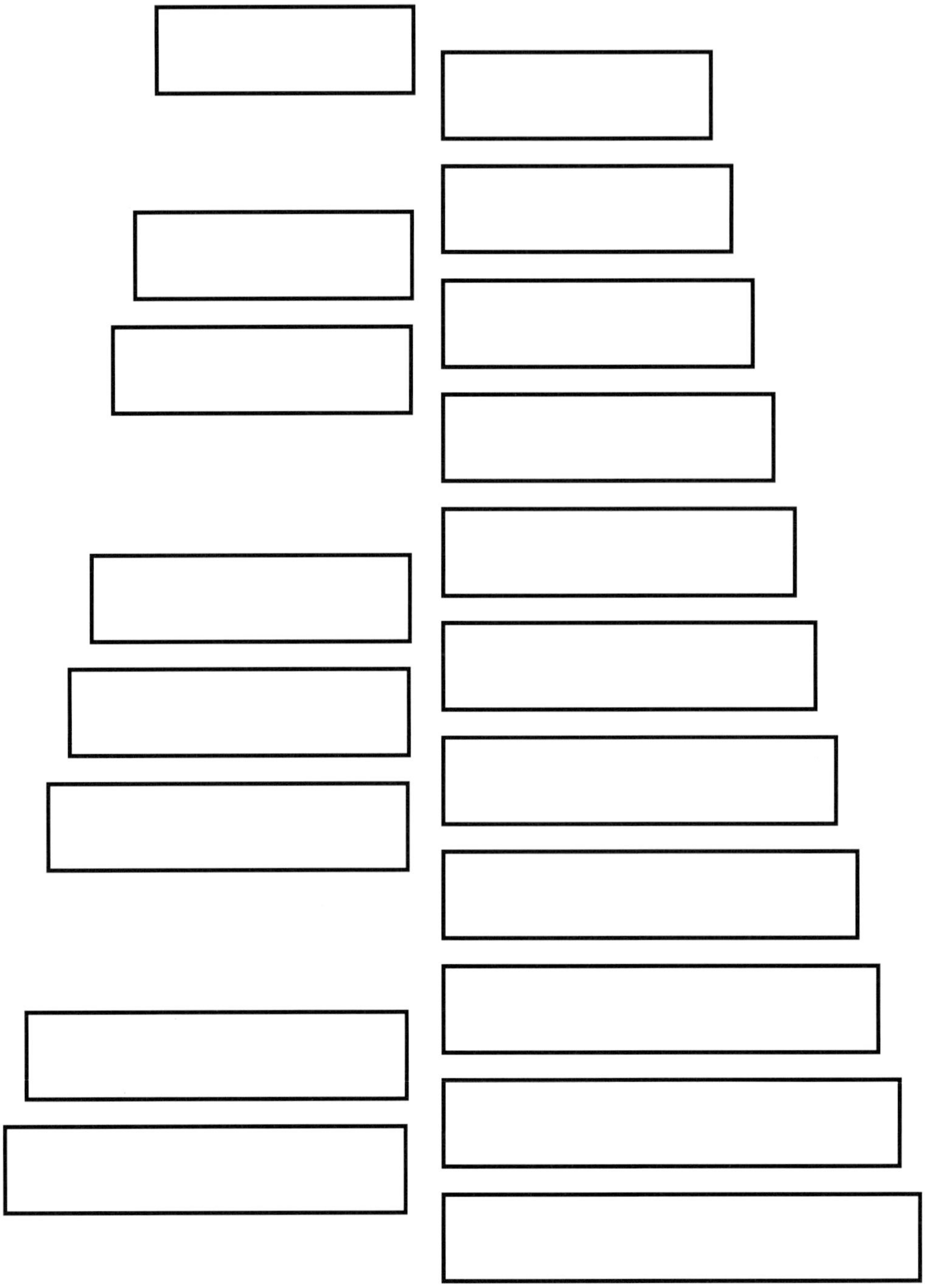

12. *Der Hochzeitsmarsch* – Mitspielsatz für Stabspiele und Rhythmusinstrumente

Vorbemerkungen:
„Der Hochzeitsmarsch" aus dem „Sommernachtstraum" von Felix Mendelssohn Bartholdy als Mitspielstück eignet sich zur Einübung in das Musizieren mit Tonleitern auf Stabspielen wie auch zum Erkennen von Formabläufen von Musikstücken. Dieses Stundenbild ist für eine Doppelstunde ausgelegt.

<table>
<tr><th>Methodische Tipps</th><th>Zeit</th><th>Medien</th></tr>
<tr><td>Einstimmung auf das Mitspielstück</td><td></td><td></td></tr>
<tr><td>• S erhalten je einen Schlägel und dirigieren den „Hochzeitsmarsch" zur CD.</td><td>10</td><td>Schlägel
TB 25</td></tr>
<tr><td>Einüben der Mitspielstimme</td><td></td><td></td></tr>
<tr><td>• L erklärt, dass das Musikstück auf Stabspielen und Rhythmusinstrumenten begleitet werden soll.
• Folie mit Übung 1 wird aufgelegt, die S suchen die Töne auf ihren Instrumenten und üben zunächst allein diese Tonfolge.
• L gibt Metrum vor, zählt ein und gibt Einsatz zum gemeinsamen Spiel: 1 – 2 – 3 – „und" – Einsatz.

Vorbereitung des gemeinsamen Spiels:
Metrum vorgeben – einzählen – Einsatz geben</td><td>15</td><td>AB 30
(Folie)
Stabspiele</td></tr>
<tr><td>• Übung 2 wird mit Übung 1 verglichen. Bei Übung 2 fehlt der Ton e. S üben auch diese Variante.
• Übung 3 wird zunächst geklatscht, einige S spielen auf Rhythmusinstrumenten mit.
• S üben nun die Originalmelodie, zunächst wieder allein, dann gemeinsam.
• S vergleichen den zweiten mit dem vierten Takt und stellen Unterschiede fest.</td><td>30</td><td>AB 30
(Folie)
Stabspiele</td></tr>
<tr><td>Hören und Untersuchen</td><td></td><td></td></tr>
<tr><td>• S hören den Hochzeitsmarsch und heben die Hand, wenn „ihre" Melodie erklingt.
• Sie beschreiben den Verlauf und tragen die Ergebnisse in die Tabelle ein.
<table><tr><td>V</td><td>M</td><td>Z</td><td>M</td><td>Z</td><td>M</td><td>Z</td><td>M</td></tr></table>Vorspiel = V, Mitspielmelodie = M, Zwischenspiel = Z
• Bei erneutem Hören zeigt ein S den Verlauf an der Tabelle mit.</td><td>15</td><td>AB 30
(Folie)
TB 25</td></tr>
<tr><td>Musizieren des Mitspielsatzes zur CD</td><td></td><td></td></tr>
<tr><td>• S spielen ihre Melodie zur CD dazu, zunächst nur die Stabspiele, dann kommen die Rhythmusinstrumente dazu.</td><td>15</td><td>AB 30
(Folie)
TB 25</td></tr>
</table>

Mitspielsatz in melodischer Notation

Hochzeitsmarsch

Übung 1 F. Mendelssohn Bartholdy

Übung 2

Übung 3

Mitspielmelodie

Verlauf

V = Vorspiel M = **Mitspielmelodie** Z 1 = Zwischenspiel 1
Z 2 = Zwischenspiel 2 Z 3 = Zwischenspiel 3

13. *Heute hier, morgen dort* – ein Lied mehrstimmig begleiten

Vorbemerkungen:
Dieses Lied lässt sich leicht singen und ist für eine mehrstimmige Begleitung mit Stabspielen gut geeignet. Die Begleitung beschränkt sich auf den Refrain und kann auch ein- oder zweistimmig musiziert werden, wobei die 4. Stimme nicht fehlen sollte.

Wiederholungszeichen: Es steht am Anfang und Ende des zu wiederholenden Teils.
II: :II

Methodische Tipps	Zeit	Medien
Singen		
• S singen das ihnen bereits bekannte Lied. L erklärt S, dass eine Begleitung auf Stabspielen gelernt werden soll.	5	TB 26 AB 31
Noten lesen und das Musizieren vorbereiten		
• L präsentiert die Partitur mit den vier Einzelstimmen und erläutert das Wiederholungszeichen. S klatschen die Rhythmen der Einzelstimmen, L spielt dazu das Metrum. • L teilt S in vier Gruppen ein. Diese schreiben jeweils an den Anfang ihrer Notenzeile die zu spielenden Noten, geordnet vom tiefsten bis zum höchsten Ton.	10	AB 32 (Folie) Klang- hölzer
Vorbereitung der Stabspiele		
• Es folgt das Austeilen und Aufstellen der Stabspiele. **Hinweis:** Die tiefen Instrumente stehen auf der linken Seite, die hohen auf der rechten Seite (von den Schülern aus gesehen). • Die 4. Stimme kann von Boomwhackers mit Basskappen gespielt werden.		Stab- spiele
Übendes Musizieren		
• S üben ihre Stimme in der Gruppe oder in Partnerarbeit.	10	AB 32
Musizieren des Begleitsatzes		
• S spielen ihre Stimmen nacheinander vor, beginnend mit der 4. Stimme. L spielt dazu das Metrum. • Einzelne Stimmen werden zusammengespielt z. B. 4. und 3. zusammen usw. • Alle vier Stimmen werden gemeinsam musiziert.	10	Stab- spiele AB 32
Präsentation		
• Alle drei Strophen werden mit Refrain gesungen und musiziert.	5	Stab- spiele

Heute hier, morgen dort

Text: Hannes Wader; Melodie: Gary Bolstad

2. Dass man mich kaum vermisst, schon nach Tagen vergisst,
wenn ich längst wieder anderswo bin,
stört und kümmert mich nicht, vielleicht bleibt mein Gesicht
doch dem ein oder and'ren im Sinn.

3. Fragt mich einer, warum ich so bin, bleib ich stumm,
denn die Antwort darauf fällt mir schwer.
Denn was neu ist, wird alt, und was gestern noch galt,
stimmt schon heut' oder morgen nicht mehr.

Die Begleitung kann zum Refrain des Liedes gespielt werden.

Heute hier, morgen dort

Text: Hannes Wader; Melodie: Gary Bolstad

14. *Kanon für Streicher* – Musizieren zu Johann Pachelbel

Vorbemerkungen:
Die Komposition von Johann Pachelbel ist ein dreistimmiger Kanon, aber nicht im strengen Sinn, da er nach anfänglich geregeltem Verlauf in freierer Form zu Ende geführt wird. Er wird ergänzt durch eine vierte Stimme, die aus einem zweitaktigen Ostinato besteht, das insgesamt 28 Mal erklingt. Hier wird ein Ausschnitt vorgestellt, der aus dem zweitaktigen Vorspiel sowie 9 Wiederholungen besteht.

> **Ostinato**: kurze Bassfigur, die als Basis eines Musikstücks hartnäckig beibehalten wird.

Methodische Tipps	Zeit	Medien
Noten lesen		
• L informiert S darüber, dass ein Kanon musiziert werden soll. Die Kanon-Merkmale werden wiederholt. • L legt die Folie mit den beiden ersten Takten des Kanons auf und lässt S die Noten mit Namen nennen und beschriften. 	5	AB 33 (Folie)
Musizieren		
• S üben die zwei Takte auf Stabspielen in Einzel- oder Partnerarbeit. • L spielt den Kanon von der CD ein und lässt S das Metrum dazu patschen. L erläutert, dass die Bass-Stimme 8 Schläge Vorlauf hat, ehe der Einsatz des Kanons beginnt. • S hören den Kanon von der CD, zählen mithilfe des L mit und setzen pünktlich mit dem Musizieren des Kanons ein. • Das Musizieren kann ggf. nach ca. 1 Minute abgebrochen werden, um wieder neu zu beginnen.	20	AB 33 TB 27 Stab- spiele
Musizieren, 1. Erweiterung		
• S benennen die Tonnamen der Bass-Stimme.  • Einige S üben diese Stimme separat in einem anderen Raum. Die übrigen S spielen nochmals den Anfang der Kanonstimme zur CD und wiederholen diese immer wieder bis zum Ende des Stückes. • Die beiden Stimmen werden zusammengefügt und es folgt das Mitspielen zur CD, wobei die Bass-Spieler 2 Takte (= 8 Schläge) Vorlauf haben. 	20	AB 33 (Folie) Stab- spiele TB 27

Methodische Tipps	Zeit	Medien
Musizieren, 2. Erweiterung		
• S beschriften den weiteren Verlauf der Kanonstimme (= zweite und dritte Zeile) und üben diese. **Zwei Möglichkeiten der Fortführung:** Entweder spielen die S alle drei Zeilen, d. h. die gesamte Kanonstimme, oder es werden drei Gruppen für jeweils eine Zeile gebildet. Hinzu kommt die Bass-Stimme. **Verlauf:** 2 Takte Bass-Stimme voraus, dann dazu die erste Zeile, dann dazu die zweite Zeile und schließlich dazu die dritte Zeile. Alle Zeilen werden immer wiederholt. • Der Kanon wird ohne CD geübt. • Als Krönung: Der Kanon wird zur CD gespielt. Um die Spannung beim Musizieren zu erhalten, kann nach dreimaligem Durchlauf des zweitaktigen Mitspielsatzes eine Pause von zwei Takten eingelegt werden. Dann erfolgt ein erneuter Einsatz nach gleichem Muster.	20	AB 33 (Folie) Stabspiele TB 27

AB 33

Kanon für Streicher

Johann Pachelbel

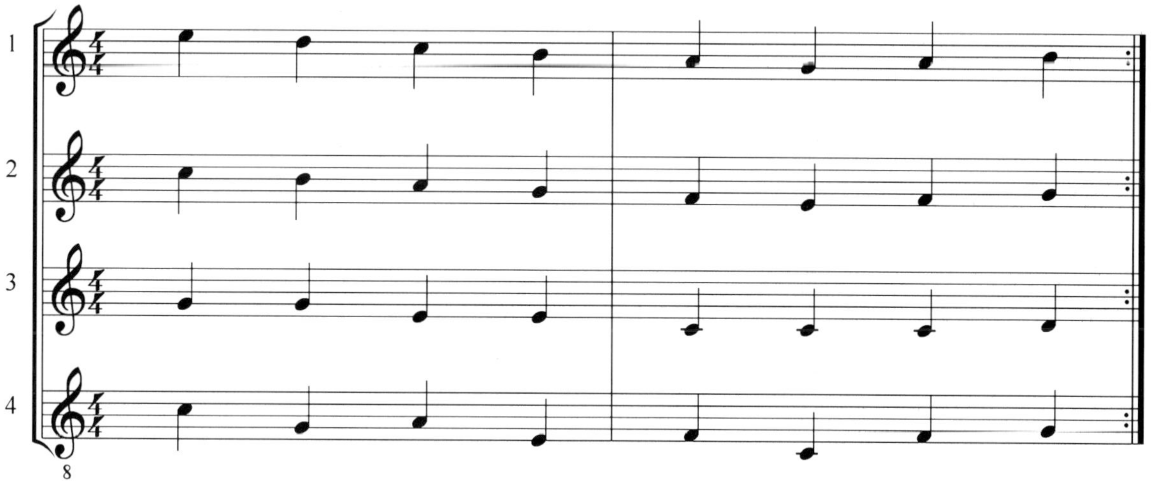

1. Es wird block- und quergeflötet – Kennenlernen von Block- und Querflöte

Vorbemerkungen:
Die Blockflöte lernen viele Schüler über die Schule oder im Privatunterricht kennen. Hier soll besonders auf die Art der Tonerzeugung eingegangen werden und über Musikbeispiele auf die Unterschiede zur Querflöte hingewiesen werden.

Blockflöte/Querflöte: Die Tonerzeugung erfolgt über das Anblasen der „Schneidekante", die den Luftstrom spaltet. Ein Teil strömt in das Instrument und versetzt eine Luftsäule in Schwingung. Deren Länge – und damit die Tonhöhe – kann variabel gestaltet werden, indem einzelne Löcher mit den Fingern abgedeckt werden.

Ein Tipp zum richtigen Anblasen von Flaschen: Flaschenoberkante etwa an gespannter Unterlippen-Unterkante ansetzen und ein vermeintliches Härchen wegblasen.

Methodische Tipps	**Zeit**	**Medien**
Experimentieren		
• L erzeugt einen Ton auf einer Füllerkappe, S versuchen dies ebenfalls. • Einzelne S machen es vor und helfen S, die es nicht gleich schaffen. • L stellt eine Wasserflasche zum Anblasen zur Verfügung. Wettbewerb: Wer schafft es, der Flasche einen Ton zu entlocken?	20	Füller Flaschen
Information		
• L zeigt S die Schneidekante der Blockflöte sowie das Mundloch der Querflöte (Instrument von Vorteil, sonst Abbildung). Bei der Blockflöte wird der Luftstrahl durch das Anblasen in das Mundloch gerichtet, bei der Querflöte muss der Spieler die Ausrichtung des Strahls besorgen. 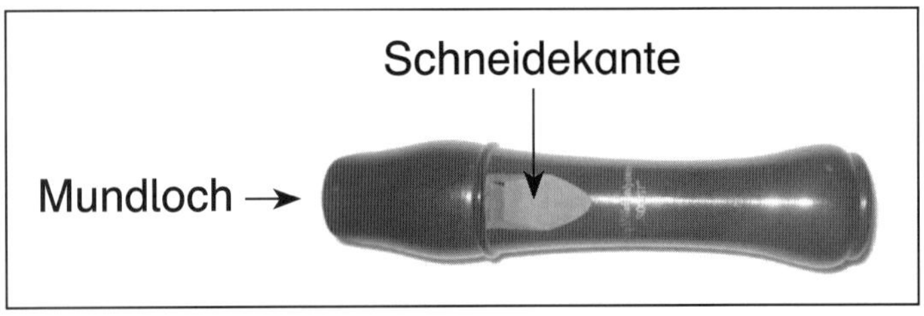 Links befindet sich das Mundloch, in das der Luftstrom geschickt wird. In der Mitte (heller Teil) sieht man die Schneidekante, welche die Luft teilt.	10	Blockflöte Querflöte

Methodische Tipps	Zeit	Medien
Hören		
• Anhand von vier Hörbeispielen sollen die S Blockflöte und Querflöte voneinander unterscheiden lernen: 1. J. S. Bach: „Badinerie“ aus der H-Moll-Suite 2. G. Ph. Telemann: Fantasie für Blockflöte 3. A. Vivaldi, Konzert für Blockflöte und Orchester 4. W. A. Mozart: Konzert für Querflöte, Harfe und Orchester • S hören die Beispiele und versuchen, die Instrumente am Klang zu erkennen. Die Aufgabe kann mehrmals in unterschiedlicher Reihenfolge wiederholt werden.	10	TB 28–31
Experimentieren		
• L füllt 8 Wasserflaschen in unterschiedlicher Höhe mit Wasser. Die roten Striche bezeichnen die Füllhöhe. **Ton 1:** leere Flasche; **Ton 2:** 4,7 cm; **Ton 3:** 7,9 cm; **Ton 4:** 9,3 cm; **Ton 5:** 11,9 cm; **Ton 6:** 13, 8 cm; **Ton 7:** 15,9 cm; **Ton 8:** 17,0 cm; jeweils gemessen vom Boden der Flasche aus.  Dies sind ungefähre Angaben. Flaschen von 1 bis 8 nummerieren. • S blasen die Flaschen an und erstellen eine Tonleiter. **Einfach:** Zwei Gruppen ordnen jeweils 4 Flaschen und setzen dann die Tonleiter zusammen. **Schwieriger:** Alle acht Flaschen werden von einer Gruppe geordnet. **Am schwierigsten:** Die Flaschen werden so abgeklebt, dass man die Wasserhöhe nicht sehen kann.	10	Flaschen
Musizieren		
• S singen und spielen die ersten vier Takte der Melodie von „Bruder Jakob“.  	5	Flaschen
Musizieren		
• S spielen die Melodie „Alle meine Entchen“ zu einem Playback als Mitspielsatz. 	10	TB 32

2. „Halleluja" – Kennenlernen des weltberühmten Chorsatzes von Georg Friedrich Händel

Vorbemerkungen:
Das „Halleluja" aus dem Oratorium „Der Messias" von Georg Friedrich Händel ist eines der populärsten Chorstücke aus dem Bereich der klassischen Musik. Das Werk beschreibt Leben, Sterben und Auferstehen Christi. Das Halleluja erklingt am Ende des zweiten von drei Teilen des Oratoriums und gibt musikalisch den Jubel der Engel beim Empfang im Himmel wieder. „Halleluja" bedeutet „Lobet den Herrn".
Händel komponierte das Werk im Jahre 1741, die Uraufführung fand 1742 in Dublin statt. Beim Musizieren des viertaktigen Anfangs ist darauf zu achten, dass wenigstens die 4. Stimme mit einem tiefklingenden (Alt- oder Bass-) Instrument besetzt wird, eventuell Boomwhackers mit Basskappen verwenden.

> **Oratorium:** Ist meist ein geistliches Werk für Chor, Orchester und Gesangssolisten und war eine beliebte Gattung im Zeitalter des Barock.

> **Georg Friedrich Händel** wurde im sächsischen Halle geboren. Sein beruflicher Werdegang führte ihn zunächst nach Hamburg, dann aber nach Italien, wo er die neu entstandene Gattung der Oper intensiv studierte. Nach Deutschland zurückgekehrt, erhielt er einen Ruf an den Hof von Hannover und ging von dort im Jahre 1719, als König Georg von Hannover zum König von England gekrönt wurde, mit diesem nach London. In der englischen Hauptstadt verbrachte er den Rest seines Lebens und wird deshalb auch noch heute gern als englischer Komponist bezeichnet. Begraben ist er in der berühmten Westminster Abbey in London.

Methodische Tipps	**Zeit**	**Medien**
Musizieren		
• L informiert S darüber, dass ein sehr bekanntes Musikstück gehört und musiziert werden soll. • L klatscht Rhythmus der beiden ersten Takte vor. • S üben den Rhythmus. 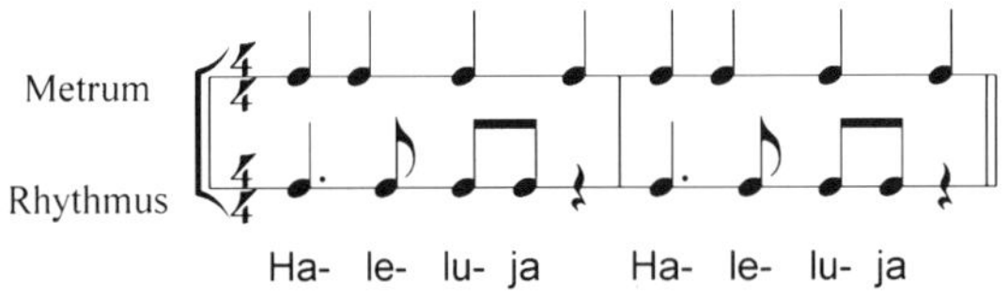	10	
Hören		
• S hören den Anfang des „Halleluja" von CD. • Sie äußern sich zum Charakter der Musik und erklären, wie sie sich beim Hören gefühlt haben.	5	TB 33
Umgang mit der Partitur		
• L präsentiert die ersten zwei Takte des „Halleluja". S benennen die Noten der vier Stimmen und beschriften sie.	5	AB 34 (Folie)

Methodische Tipps	**Zeit**	**Medien**
Üben und Musizieren		
• S üben den Rhythmus auf Stabspielen auf dem gemeinsamen Ton g. • Sie lesen nochmals die Notennamen der 2. Stimme vor und suchen sie auf ihrem Instrument. • S üben diese Stimme, zunächst allein, dann zusammen. **Hinweis:** Individuelles Üben geschieht immer mit dem Finger, nicht mit einem Schlägel! • Die 1. Stimme wird gemeinsam erarbeitet. • 1. und 2. Stimme werden zusammengespielt. • Fortgeschrittene S werden mit dem Üben der 3. und 4. Stimme betraut (ggf. in einem Nachbarraum). • Alle vier Stimmen werden zusammengefügt.	20	Stabspiele AB 34
Hören		
• S hören einen Ausschnitt, der etwa 210 Sekunden dauert. Sie sollten dazu eine bequeme Hörhaltung einnehmen. • L erläutert Hintergründe zu Hörbeispiel und Komponist.	10	TB 33
Erweiterung		
• L klatscht die Takte 3 und 4 vor.  • S klatschen und sprechen den Rhythmus nach. Hinweis: Unbedingt das Metrum dazu stampfen! • Einzelne fortgeschrittene S übernehmen je eine Stimme und üben sie auf ihrem Stabspiel. • Rhythmusinstrumente für die Takte 3 und 4 werden hinzugenommen. • Takte 1 bis 4 werden musiziert.		Stabspiele AB 34 Rh.-Instr.

Halleluja

Georg Friedrich Händel (1685–1759)

„Halleluja" heißt „Lobet den Herrn" und entstammt dem Oratorium „Der Messias". Der deutsche Komponist Georg Friedrich Händel (1685–1759) hat es im Jahre 1741 in nur drei Wochen für das englische Publikum geschrieben. Das Werk wird meist zur Weihnachtszeit in Kirchen oder Konzertsälen aufgeführt.

3. Die Trompete mit dem Schlauch

Vorbemerkungen:
Schüler verhalten sich gegenüber Blechblasinstrumenten oftmals zurückhaltend, weil diese in der Musik, die sie hören, kaum vorkommen. Neuerdings sind Veränderungen im Verhalten zu beobachten, was die Vielzahl der an Schulen vorhandenen Bläserklassen bewirkt.

Der **Ton** wird bei den Blechblasinstrumenten durch die Schwingung der Lippen erzeugt. Die vibrierende Luft wird im Mundstück nochmals reflektiert und gelangt dann in das Rohr hinein.
Die **Tonhöhe** hängt u. a. von der Länge des Rohres ab. Dies kann durch Ausziehen des Rohres (Posaune) bzw. durch die Öffnung von Ventilen erreicht werden. Die Tonhöhe hängt aber auch von der Lippenspannung ab.
Ein Tipp zum richtigen Anblasen: Lippen spannen, lächeln, ein möglichst kleines Loch in der Lippenmitte öffnen und „spuckend“ anblasen.

Methodische Tipps	**Zeit**	**Medien**
Experimentieren		
• L zeigt S eine Trompete und fragt sie nach ihren Erfahrungen mit dem Instrument. Sie berichten, woher sie das Instrument evtl. kennen, ob sie schon mal hineingeblasen haben, wozu die Knöpfe (Ventile) da sind.	5	Trompete
Experimentieren		
• L lässt den Weg der Luft beschreiben und ihn mit dem Finger am Rohr entlang nachzeichnen. • L legt Gartenschlauch mit einer Länge von 1,30 m in die Mitte. S überlegen, was zu einer Trompete noch fehlt: Mundstück und Schalltrichter. • Ein S setzt die Teile zusammen und bläst die Schlauchtrompete an. 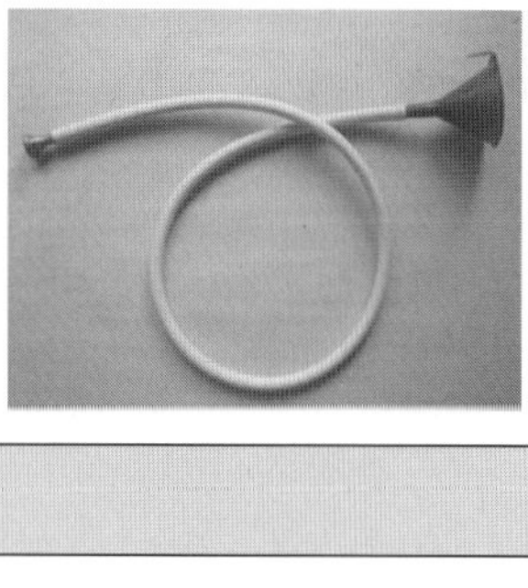	10	Garten-schlauch Mundstück Trichter
Erläuterung		
• S zählen die Unterschiede von Trompete und Schlauchtrompete auf: Material aus Plastik bzw. Blech, mit oder ohne Ventile usw. • L zeigt Schemazeichnung von Trompete mit den drei geschlossenen (a) bzw. mit einem geöffneten Ventil (b). 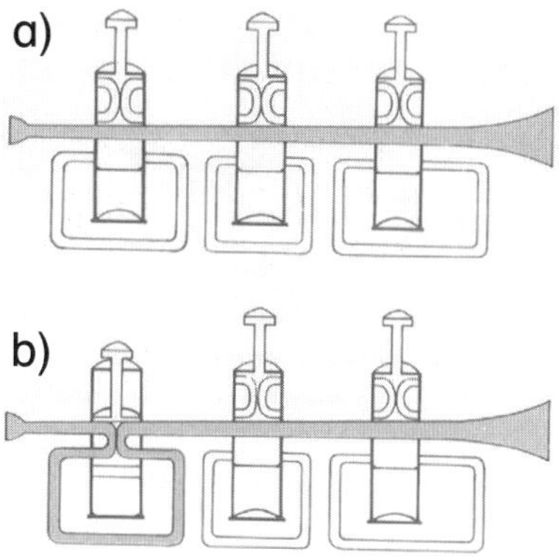		

Methodische Tipps	**Zeit**	**Medien**
• Einzelne S fahren mit dem Finger an der Rohrverlängerung entlang. • S markieren diesen Teil des Rohres mit einem Farbstift auf ihrem Arbeitsblatt.	15	AB 35 (Folie)
Hören		
• S hören vier Beispiele, bei denen Blechblasinstrumente vorkommen. 1. R. Wagner, Meistersinger, **Tuba** 2. J.N. Hummel, Konzert für Trompete und Orchester, **Trompete** 3. R. Strauss, Till Eulenspiegel, **Horn** 4. J. Haydn, Konzert für Trompete und Orchester, **Trompete** • Sie heben die Hand, wenn sie eine Trompete hören.	15	TB 34–37
Dokumentation		
Ein Poster mit Blechblasinstrumenten wird im Klassenraum aufgehängt.		Poster

AB 35

Die Trompete und ihre Ventile

a)

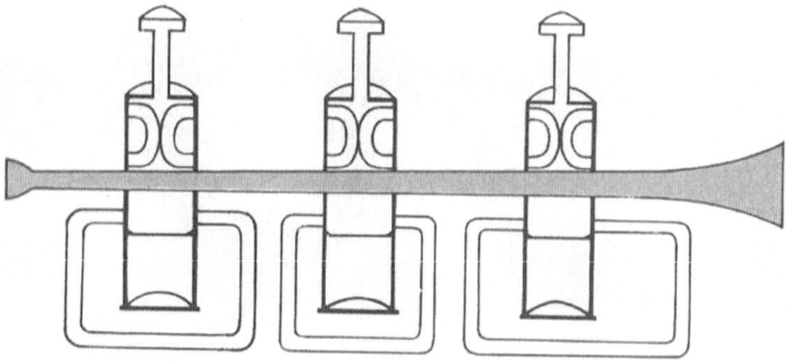

b)

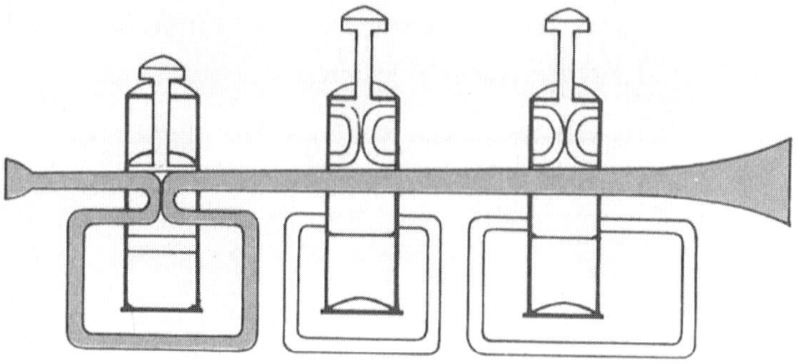

4. Die deutsche Nationalhymne – ein nationales Symbol

Vorbemerkungen:
Text und Melodie wie auch Herkunft und Funktion der deutschen Nationalhymne sollten am Ende der Grundschulzeit Gegenstand des Unterrichts sein.

Joseph Haydn komponierte im Jahre 1797 zum Geburtstag des österreichischen Kaisers die Melodie „Gott, erhalte Franz den Kaiser“. 1841 schrieb Hoffmann von Fallersleben auf diese Melodie einen Text, der das Streben der Deutschen nach einem geeinten Nationalstaat aufgriff. Dennoch wurde im zweiten deutschen Kaiserreich nach 1871 zunächst „Heil dir im Siegerkranz“ zur Hymne gewählt. Die Fallersleben-Haydn-Fassung wurde erst im Jahre 1922 nach dem Ende des Kaiserreichs zur neuen deutschen Nationalhymne.
Nach dem Zweiten Weltkrieg setzte sich schließlich die dritte Strophe mit dem Text „Einigkeit und Recht und Freiheit“ endgültig als Hymne durch.

Methodische Tipps	**Zeit**	**Medien**
Hören von und Sprechen über Musik		
• S hören die Nationalhymne in der Blasorchesterfassung und es folgt ein Gespräch über die Anlässe, bei denen die Hymne gespielt oder gesungen wird. • S identifizieren die Instrumente: z. B. Querflöte, Klarinette, Trompete, Horn, Posaune, Tuba, Schlagzeug.	5	TB 38
• L berichtet über die Entstehung von Melodie und Text und schreibt Textzeilen ungeordnet an die Tafel. S ordnen den Text der 3. Strophe. • Die Bedeutung des Textes wird besprochen.	10	Textzeilen (Tafel) AB 36
Singen		
• L singt die erste Melodiezeile vor und zeigt die Tonhöhen mit der Hand an. S singen nach. Mit Zeile 2 + 3 wird gleich verfahren. • S singen die Hymne zur CD.	5	TB 38
Musizieren		
• S spielen die Melodiebausteine von AB (Teil 1) und versuchen, sie in die richtige Reihenfolge zu bringen und dann zu üben. Einige S spielen sie vor.	15	AB 37
Texterarbeitung		
• S bearbeiten AB (Teil 2).	10	AB 37
Fächerübergreifender Unterricht		
• Die Nationalhymne kann in Verbindung mit dem Sachunterrichtsthema „Bundesrepublik Deutschland“ behandelt werden. • Weitere Hymnen, wie die englische oder amerikanische, bieten sich zum Vergleich an.		

AB 36

Einigkeit und Recht und Freiheit

Deutsche Nationalhymne
Text: Hoffmann von Fallersleben; Melodie: Joseph Haydn

Wir lernen die deutsche Nationalhymne kennen

Aufgabe 1: Schneide die Melodiebausteine aus und klebe sie in der richtigen Reihenfolge auf.

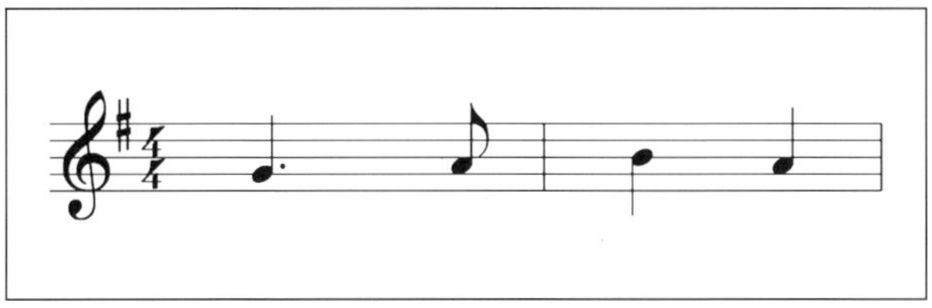

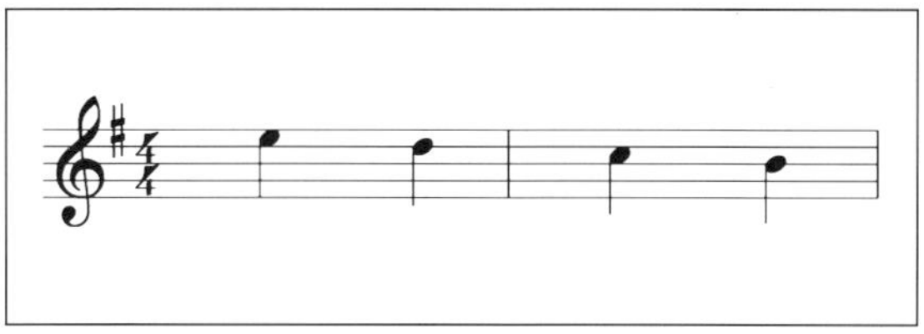

Aufgabe 2: Joseph Haydn

Joseph Haydn, ein österreichischer ______________________,

lebte von ____________________ bis ____________________.

1797 komponierte Haydn für Kaiser Franz II. die Kaiserhymne „Gott, erhalte Franz den Kaiser“.

Zu dieser Melodie singen wir heute die ____________________ ______________________________ mit einem Text von Hoffmann von Fallersleben.

Einigkeit und Recht und _________________________ für das deutsche Vaterland!

Danach lasst uns alle streben brüderlich mit ________________ und ________________!

___________________________ und Recht und Freiheit sind des ___________________ ______________________________.

Blüh im Glanze dieses ____________________, blühe deutsches Vaterland!

Komponist	Glückes	Einigkeit	1809
Freiheit	Herz	deutsche Nationalhymne	1732
Glückes Unterpfand	Hand		

5. Saiteninstrumente – gezupft, gestrichen und angeschlagen

Vorbemerkungen:
Die Vielfalt der Saiteninstrumente ist ungewöhnlich. Sie betrifft sowohl die extrem unterschiedliche Bauweise als auch die Art der Tonerzeugung. So werden die Saiten angezupft, wie bei der Harfe, gestrichen, wie bei der Violine, oder angeschlagen, wie beim Klavier.

Harfe: 47 diatonisch (wie bei der Dur-Tonleiter) gestimmte Saiten. Jede der 7 Saiten kann durch je ein Pedal um einen Halbton bzw. zwei Halbtöne erhöht werden.
Violine: 4 Saiten in Quintabstand (= 7 Halbtöne): g – d1 – a1 – e2. Die Saiten werden (meist) gestrichen. Die Tonübertragung erfolgt über den Steg auf die Decke des Instruments und von dort über den im Inneren des Instruments sich befindenden Stimmstock auf den übrigen Hohlkörper, der als Resonanzkörper und Klangverstärker wirkt.
Klavier: Die Saiten werden mit Filzhämmerchen angeschlagen, die mit den Tasten verbunden sind. Der Tonumfang beträgt etwas mehr als 7 Oktaven und ist chromatisch (= in Halbtönen) organisiert.

Methodische Tipps	**Zeit**	**Medien**
Hören		
• S hören fünf Musikbeispiele, unterscheiden zwischen „gezupft“, „gestrichen“ und „angeschlagen“ und tragen ihre Lösungen mit Kreuzchen in die Tabelle ein. • Die Beispiele werden besprochen und die richtigen Antworten fixiert. Lösungen: 1 = Klavier, 2 = Violoncello, 3 = Gitarre, 4 = Violine	15	TB 39–43 AB 38
Sich bewegen		
• Die drei unterschiedlichen Spielarten werden mit bestimmten Bewegungen verknüpft, z. B. **Zupfinstrument:** vorwärts gehen, **Streichinstrument:** einen Arm heben, **Tasteninstrument:** einen Arm waagerecht ausstrecken. • S stehen im Raum und hören dem Klangbeispiel zu. Sie reagieren entsprechend: gehen, Arm heben oder Arm ausstrecken. • Dies funktioniert auch bei einem Klangbeispiel mit zwei Instrumenten: z. B. gehen und Arm waagerecht ausstrecken, wenn ein Zupfinstrument und ein Tasteninstrument gleichzeitig zu hören sind.	15	TB 39–43
Benennen und Zuordnen		
• S erhalten ein AB mit Bildern von Saiteninstrumenten, die sie zunächst benennen sollen. • Sie schneiden die Bilder aus und ordnen sie den drei Kategorien zu. Nach der Besprechung der Ergebnisse werden die Bilder aufgeklebt.	15	AB 38

Hörbeispiele zum Thema „Saiteninstrumente“

Höre dir die Musikbeispiele an und setze ein Kreuzchen in der entsprechenden Spalte.

	gezupft	gestrichen	angeschlagen
1			
2			
3			
4			
5			

Zuordnen von Instrumentenbildern

Schneide die Instrumentenbilder aus und lege sie in die zugehörige Spalte. Besprich dich mit der Klasse. Klebe dann die Bilder ein.

Zupfinstrument	Streichinstrument	Tasteninstrument

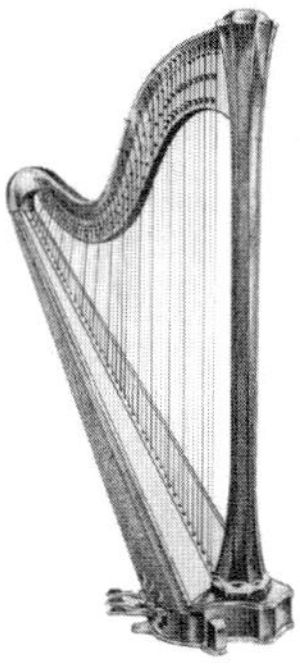

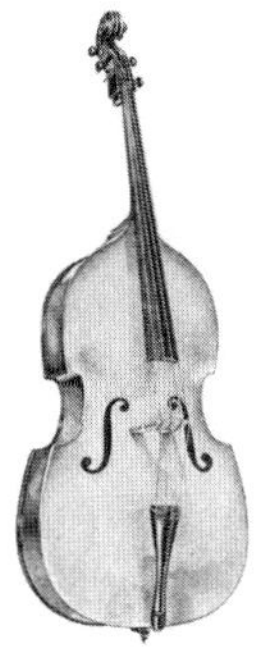

6. Ludwig van Beethovens Violinkonzert – Lesen einer Partitur

Vorbemerkungen:
Ein besseres Verständnis von Partituren setzt voraus, dass die Schüler schon öfter nach Noten gespielt haben und ein System von wenigstens zwei Notenzeilen als Einheit auffassen können. Sie sollten begriffen haben, dass eine Notenfolge von links nach rechts gelesen und gespielt wird und dass alle Noten, die übereinanderstehen, gleichzeitig erklingen. Sind es mehr als zwei Notenzeilen, so spricht man von einer Partitur.

Partitur: Musikstücke für Chor, Orchester und andere Ensembles werden als Ganzes mit allen Stimmen abgedruckt. Vor der jeweiligen Zeile steht der Name für die entsprechende Stimme (z. B. „Sopran“) oder das gemeinte Instrument (z. B. „Flöte“).

Methodische Tipps	Zeit	Medien
Sammeln von Informationen und Musizieren		
• L zeigt Partitur (Beethoven: Violinkonzert, 1. Satz, Anfang). • S zählen die Instrumente auf. • L: „Ein Instrument beginnt allein. Wie heißt es?“ • L: „Wer klatscht vor, was die Pauke spielt?“ • L: „Wer kann die Paukenstimme weiterklatschen (Pausen erklären)? • S üben Paukenstimme ein. L-Hinweis: „Es spielen zwei Pauken.“ • S markieren die beiden Töne mit unterschiedlichen Farben und spielen auf zwei Handtrommeln oder Pauken.	15	AB 39 (Folie) Handtrommeln oder Pauken
Identifizieren und Zeigen		
• S bearbeiten Aufgaben: Zeige die Oboenzeile; die Stellen, an denen die Instrumente lauter werden; die Stellen, an denen nur ein Instrument spielt.	10	AB 39 (Folie)
Bearbeitung des Arbeitsblatts und Präsentation der Ergebnisse		
• S bearbeiten Fragen zur Partitur und tragen die Ergebnisse vor.	10	AB 39
Klangerwartungen formulieren		
• S stellen Vermutungen an, wie die Musik klingen wird: eher laut oder leise, eher harter oder weicher Klang, sehr hohe oder sehr tiefe Töne, schnelle oder eher langsame Musik.	5	
Hören		
• S hören Musikausschnitt und vergleichen ihre Vermutungen mit dem realen Klang.	5	TB 44

Lösungen des Arbeitsblatts:
1. Eine Pauke mit dem Ton d. **2.** Pause haben die Flöte, die beiden Hörner und die beiden Trompeten. **3.** Ganze Noten spielen die 2. Oboe in Takt 2 und die beiden Fagotte in den Takten 2, 6 und 7. Die überwiegende Lautstärke ist piano (= leise). **4.** In Takt 9 spielen 8 Instrumente zusammen.

Violinkonzert

Ludwig v. Beethoven (1770–1827)

Beantworte diese Fragen:

Welches Instrument beginnt allein zu spielen? ______________________

Welche Instrumente haben während der Takte 1 bis 9 Pause?

____

Welche Instrumente spielen „Ganze Noten?“ Nenne die Takte.

____

In welcher Lautstärke spielen die Instrumente meistens?

____

In welchen Takten spielen genau acht Instrumente zusammen?

____

7. *„Bruder Jakob“ in Dur und Moll* – Kennenlernen der „1. Sinfonie“ von Gustav Mahler

Vorbemerkungen:
Das Kinderlied „Bruder Jakob“ wird in vielen Sprachen gesungen und ist den meisten Schülern bereits aus dem Kindergarten bekannt. Mahler verwendet dieses Lied im 3. Satz seiner ersten Sinfonie, lässt es aber in Moll erklingen und wandelt es melodisch geringfügig ab. Die Überschrift des Satzes lautet: „Des Jägers Leichenbegängnis“. Die Melodie des Liedes dient als Brücke zur Mahler-Sinfonie.
Der Anfang der Sinfonie wird in rhythmischer Notation vorgestellt, um den Zugriff auf die nacheinander einsetzenden Instrumente zu erleichtern.

Methodische Tipps	**Zeit**	**Medien**
Singen		
• S wiederholen das Lied und singen es. • L erklärt, dass die Melodie in einem Musikstück versteckt ist.	5	
Hören		
• S hören den Anfang des 3. Satzes der Sinfonie und heben die Hand, wenn sie die versteckte Melodie erkennen.	5	TB 45
Sprechen über Musik		
• S äußern sich frei über den Anfang des Musikstücks: z. B. Musik klingt anders als das Lied, ein tiefes Instrument beginnt allein, traurige Stimmung.	5	
Musizieren und Singen		
• L spielt den Anfang des Liedes in Moll vor. Einzelne S versuchen, dies nachzuspielen.  • Alle S singen den Anfang in Moll.	10	Xylofon
Hören		
• S hören den Musikausschnitt. Beim zweiten Hören zeigt der L dazu den Verlauf auf der Folie. • S betrachten die Partitur genauer und sehen, dass die Instrumente nacheinander einsetzen. Es werden immer mehr. Sie spielen die Melodie vom „Bruder Jakob“, ausgenommen ein Instrument am Anfang, die Pauke, sowie eines am Ende, die Oboe. • Sie versuchen herauszufinden, welche Instrumente mitspielen (Lösung: Pauke, Kontrabass, Fagott, Tuba, Violoncello, Oboe). Bei Zuordnungs-Schwierigkeiten können die Fotos der Instrumente als Hilfe angeboten werden.	20	TB 45 AB 40 (auch als Folie)

Methodische Tipps	**Zeit**	**Medien**
• S erhalten das AB und tragen die Instrumente zu Beginn der einzelnen Zeilen ein. • L: „Dies ist eine Sinfonie des österreichischen Komponisten Gustav Mahler, in welcher dieser die Tiere des Waldes über den Tod des Jägers trauern lässt.“		AB 40
Fächerübergreifender Aspekt		
• Deutsch/Sachunterricht: S suchen den Text des Liedes „Bruder Jakob“ in anderen Sprachen.		

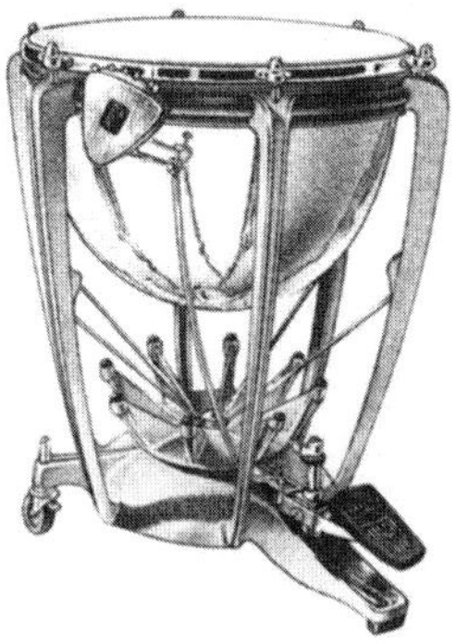	
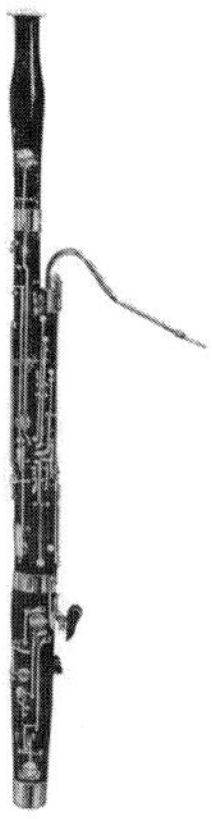	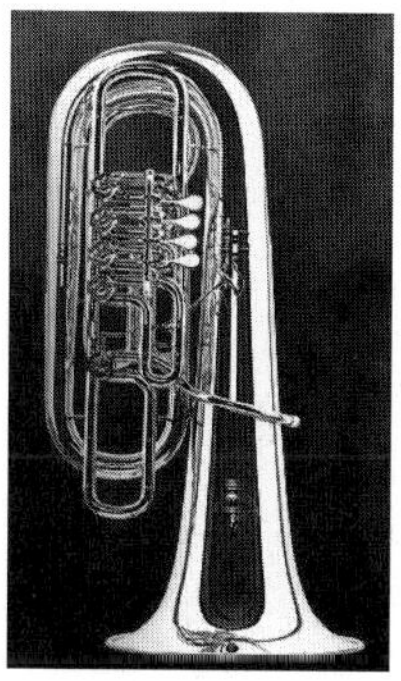

G. Mahler, 1. Sinfonie, 3. Satz

Des Jägers Leichenbegängnis

Aufgabe:

1. Welches Instrument beginnt allein zu spielen? Schreibe seinen Namen vor die betreffende Zeile!
2. Welche Instrumente folgen dann? Schreibe auch ihre Namen vor die betreffenden Zeilen!

8. *In der Halle des Bergkönigs* – ein Satz aus Edvard Griegs Peer-Gynt-Suite

Vorbemerkungen:
Edvard Grieg war ein norwegischer Komponist der Romantik. Die Peer-Gynt-Suiten I und II komponierte er ursprünglich für ein Bühnenstück des Schriftstellers Henrik Ibsen. Aus dieser Musik stellte Grieg später die beiden Peer-Gynt-Suiten zusammen.
„Die Geschichte von Peer Gynt", geschrieben nach der Vorlage norwegischer Märchen, besteht aus vielen Episoden. Erzählt wird die Lebensgeschichte des gleichnamigen Helden, der nach vielen Irr- und Umwegen seine Liebe findet.

Geschichte zum Vorlesen:
Der junge Peer, als Aufschneider und Prügelknabe bekannt, besucht eine Hochzeitsfeier. Dort lernt er Solveig kennen. Er verliebt sich in sie und möchte mit ihr tanzen. Solveigs Eltern aber verbieten dies. Daraufhin wird Peer sehr zornig und läuft davon. Er verirrt sich in den Bergen und gelangt schließlich in das Reich der Trolle, auch Berggeister genannt. Peer gibt sich den Trollen als Prinz aus und hält um die Hand der Tochter des Bergkönigs an. Er möchte nämlich das halbe Königreich der Trolle für sich haben.
Der Trollkönig willigt in die Heirat ein, stellt aber einige Bedingungen. Peer ist ihm noch zu menschenähnlich. Er möchte, dass Peer in einen Troll verwandelt wird. Es soll ihm ein Auge ausgestochen und das andere Auge zu einem Schlitz verwandelt werden, damit er die Welt wie ein Troll sieht.
Damit ist Peer aber gar nicht einverstanden, bekommt es mit der Angst zu tun und gibt zu, gar kein Prinz zu sein.
Das macht die Trolle so wütend, dass sie ihn töten wollen. Er hat jedoch großes Glück, denn plötzlich beginnen die Kirchenglocken zu läuten und nehmen den Trollen ihre Macht über ihn.

Methodische Tipps	**Zeit**	**Medien**
Hören		
• S hören die Musik, sprechen danach über das Gehörte und was sie sich bei der Musik vorgestellt haben.	5	TB 46
Sprechen über Musik		
• L liest die Geschichte „In der Halle des Bergkönigs" vor. • S sprechen darüber, wieso der Bergkönig und die Trolle so wütend sind. • S hören den Werkausschnitt erneut und beschreiben, wie sie sich Peer und die Trolle vorstellen.	5	Geschichte TB 46
Hören und Sprechen über Musik		
S bilden vier Gruppen und erhalten Höraufträge: • **1. Gruppe:** „Beschreibt den Verlauf der Lautstärke." • **2. Gruppe:** „Was stellt ihr im Laufe des Stückes an der Melodie fest?" • **3. Gruppe:** „Beschreibt das Tempo des Stücks." • **4. Gruppe:** „Was könnt ihr über die Anzahl der Instrumente sagen?"	15	TB 46

Methodische Tipps	**Zeit**	**Medien**
• Die Gruppen hören das Musikstück, besprechen die Höraufträge und halten die Ergebnisse schriftlich fest. • Gruppen präsentieren ihre Ergebnisse. Lösung 1: Es wird immer lauter. Lösung 2: Die Melodie bleibt gleich, wird aber immer höher. Lösung 3: Das Tempo wird immer schneller. Lösung 4: Es werden immer mehr Instrumente eingesetzt.		
Musizieren		
• L flüstert den Vers: „Seht, da ist der falsche Prinz, falsche Prinz, falsche Prinz! Seht, da ist der falsche Prinz, den holen wir uns jetzt!“ • S sprechen den Vers nach. • Sie sprechen den Vers, immer schneller und lauter werdend, zum Hörbeispiel, bis das Tempo zu hoch wird. 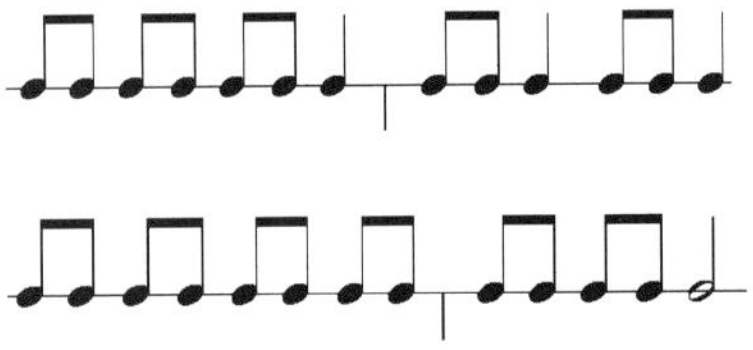 „Seht, da ist der falsche Prinz, falsche Prinz, falsche Prinz seht, da ist der falsche Prinz, den holen wir uns jetzt“.	10	Vers
• S spielen den Vers-Rhythmus auf Klanghölzern und das Metrum auf Handtrommeln. Eine Vokalgruppe spricht dazu den Text. 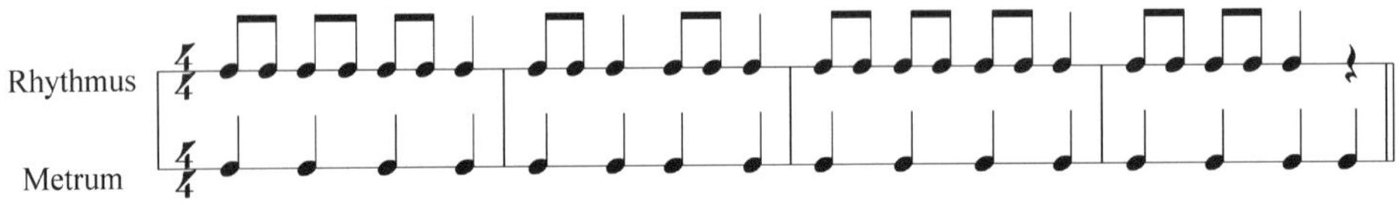 • Versuchsweise kann zum Anfang des Originals musiziert werden.	10	Klanghölzer Handtrommeln
Erweiterung		
L verteilt die Rollen: Peer Gynt, die Tochter des Bergkönigs, der Bergkönig sowie zahlreiche Trolle. • S erhalten den Bewegungsauftrag, sich gemäß ihrer Rolle zu bewegen. • S bewegen sich entsprechend zur Musik, das Bewegungstempo steigert sich. Das Ergebnis wird besprochen und ggf. verbessert. • Die Rollen werden getauscht – erneuter Durchgang.		TB 46

9. Die Instrumente einer Rockband

Vorbemerkungen:
Rock- und Popmusik ist Grundschülern natürlich geläufig. Auch die Instrumente sind ihnen vom Aussehen her bekannt. Fraglich ist jedoch, ob sie beispielsweise die E-Gitarre von einem E-Bass unterscheiden können und ob sie die einzelnen oder zu mehreren vorgestellten Instrumente vom Klang her unterscheiden können.

Methodische Tipps	**Zeit**	**Medien**
Benennen und Beschreiben		
• L bringt das Gespräch auf die instrumentale Besetzung einer Rockband. • S nennen die betreffenden Instrumente und beschreiben sie. (Lösung: Keyboard, E-Gitarre, E-Bass, Schlagzeug bzw. Drumset)	10	
Hören		
• S hören Musikbeispiele mit einzelnen oder mehreren Instrumenten und füllen die Tabelle aus, indem sie entsprechende Kreuzchen setzen, und vergleichen ihre Ergebnisse. • S zeigen bei einem weiteren Hördurchgang auf die Bilder der spielenden Instrumente.	15	TB 47 AB 41
Ordnen		
• S beantworten die Fragen auf dem AB.	10	AB 41
Lösungen		
A1: Schlagzeug, E-Gitarre, E-Bass, Keyboard A2: Er dient als Klangverstärker. A3: Er hat 87 Tasten. A4: Bassdrum, Snaredrum, Hängetoms, Handtom, Hi-Hat (aus zwei Becken), zwei verschiedene Becken A5: 1 = Keyboard, 2 = E-Gitarre, E-Bass, 4 = E-Bass und Schlagzeug, 5 = Keyboard und Schlagzeug, 6 = Schlagzeug		

Die Instrumente einer Rockband

1

2

3

4

Aufgabe 1: Schreibe die Namen der Instrumente auf.

Aufgabe 2: Wofür wird der schwarze Kasten in Bild 2 und 3 benötigt?

Aufgabe 3: Wie viele Tasten hat das Instrument auf Bild 4?

Aufgabe 4: Wie heißen die einzelnen Instrumente auf Bild 1?

Aufgabe 5: Hörauftrag

	1	2	3	4	5	6
Keyboard						
E-Gitarre						
E-Bass						
Schlagzeug						

1. Spiele mit Rhythmen

Vorbemerkungen:
Bei diesen Spielen mit Rhythmen wird von den Schülern erwartet, dass sie mit einer einfachen rhythmischen Partitur umgehen können. Gelesen und gespielt wird von links nach rechts. Übereinanderstehende Noten werden gleichzeitig gespielt.
Die Aufgaben sollten zunächst mit Körperinstrumenten, dann auch mit Rhythmusinstrumenten musiziert werden.

Methodische Tipps	Zeit	Medien
Partitur verstehen		
• L legt Folie mit einer Spielaufgabe auf. 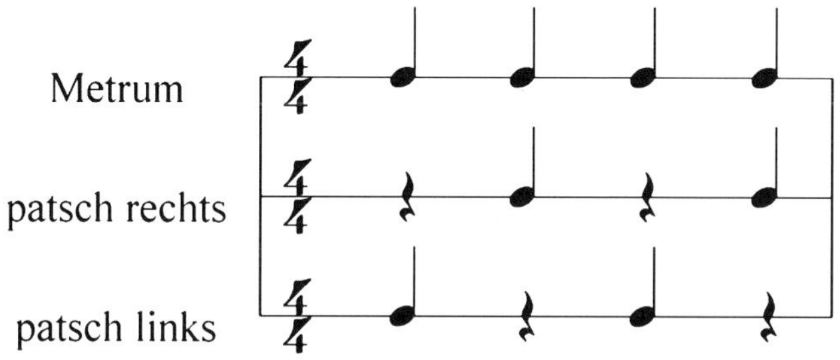 • L zählt ein: „1 – 2 – 3 – und" und spielt eine der drei Stimmen. S identifizieren diese Stimme. • S vollziehen die einzelnen Stimmen mit Körperinstrumenten nach. L übernimmt das Metrum. • L teilt die Klasse in Dreiergruppen ein, wobei ein S das Metrum, die beiden anderen gemeinsam den Rhythmus spielen.	15	AB 42 (Folie)
Musizieren		
• S arbeiten in Dreiergruppen zusammen und üben mehrere Rhythmusspiele ein. Beim Spiel mit Rhythmusinstrumenten werden die Rhythmen aufgeteilt.	15	AB 42 Rh.-Instr.
Hören und Musizieren		
• Die Gruppen spielen die von ihnen bearbeiteten Aufgaben vor.	15	AB 42 Rh.-Instr.

Spiele mit Rhythmen

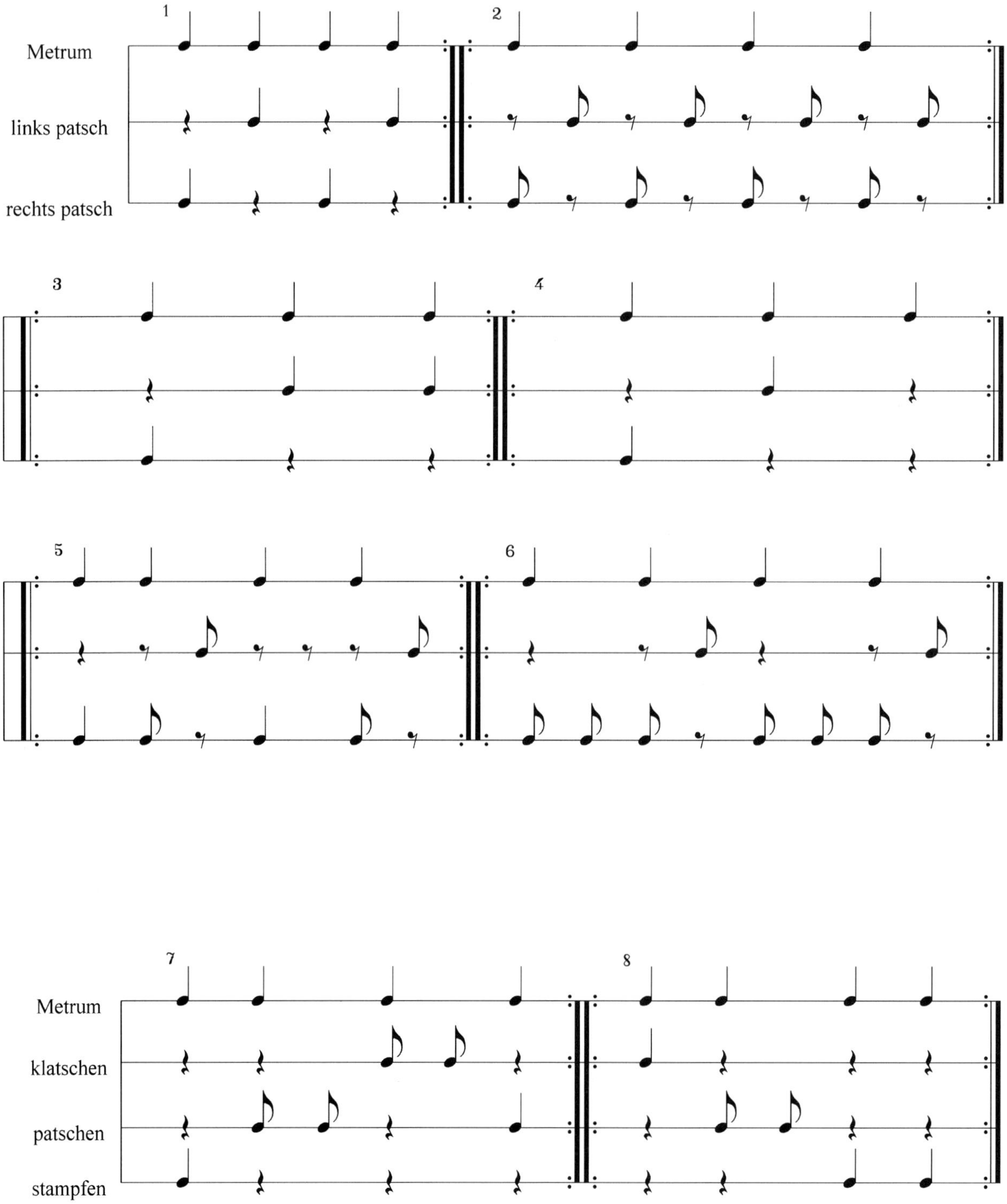

2. Spiele mit Taktarten

Vorbemerkungen:
Die Aufgaben des Arbeitsblattes sind Notations- und Spielaufgaben. Sie setzen Grundkenntnisse zu Taktarten voraus, z. B. das Wissen, dass vier Achtelnoten in einen 2/4-Takt passen. Außerdem sollen die Schüler befähigt werden, Rhythmen zu erfinden, zu spielen und zu notieren.

Methodische Tipps	Zeit	Medien
Musizieren		
• S musizieren die Rhythmen des Arbeitsblattes mit Körper- oder Rhythmusinstrumenten.	10	AB 42 Rh.-Instr.
Notieren		
• S erfinden in Einzel- oder Partnerarbeit Rhythmen im 2/4-, 3/4- oder 4/4-Takt und notieren sie.	15	AB 43
Musizieren		
• Einige S spielen ihre Rhythmen vor. **Tipp:** Die Rhythmen auf Folie schreiben, dann können sie von allen nachgespielt werden.	10	AB 43 Folie
Notieren		
• Auf der oberen Seitenhälfte setzen sie in Einzel- oder Partnerarbeit Taktstriche in der Rhythmuszeile und ergänzen das Metrum in der Metrumzeile. • Auf der unteren Seitenhälfte ergänzen sie die fehlenden Taktzahlen.	10	AB 44

AB 43

Spiele mit Taktarten 1

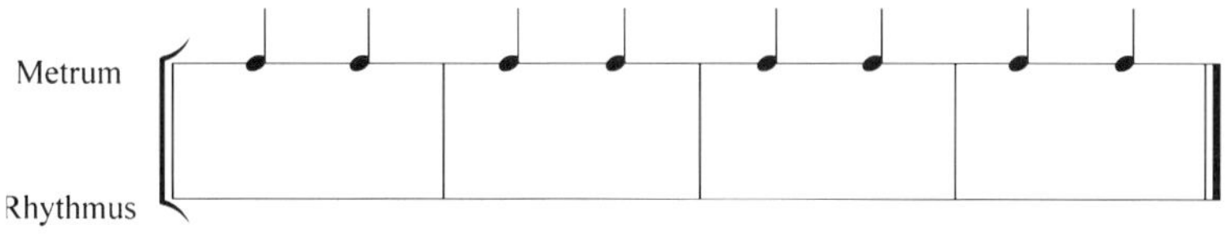

Erfinde einen Rhythmus im 2/4-Takt, notiere und spiele ihn!

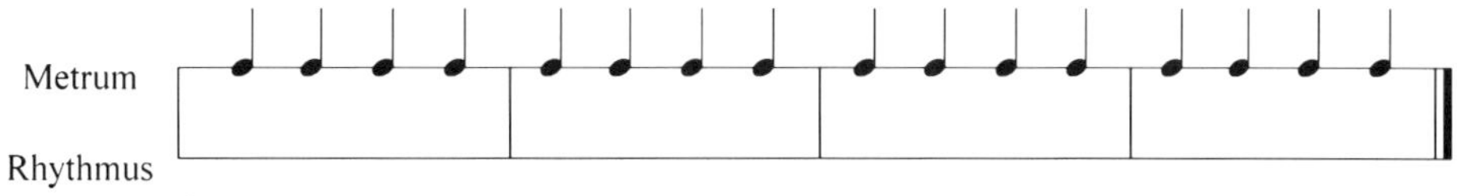

Erfinde einen Rhythmus im 4/4-Takt, notiere und spiele ihn!

Erfinde einen Rhythmus im 3/8-Takt, notiere und spiele ihn!

AB 44

Spiele mit Taktarten 2

Setze die zugehörigen Taktstriche!

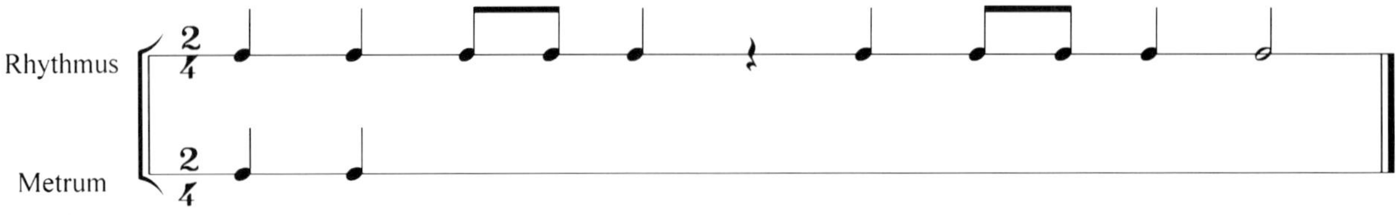

Ergänze nun die Grundschläge (= das Metrum) in der unteren Notenzeile!

Setze auch hier die Taktstriche!

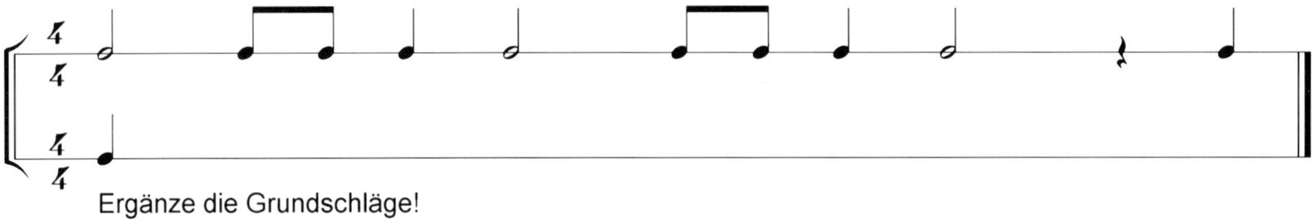

Ergänze die Grundschläge!

Diese Aufgabe ist für besonders Fleißige!

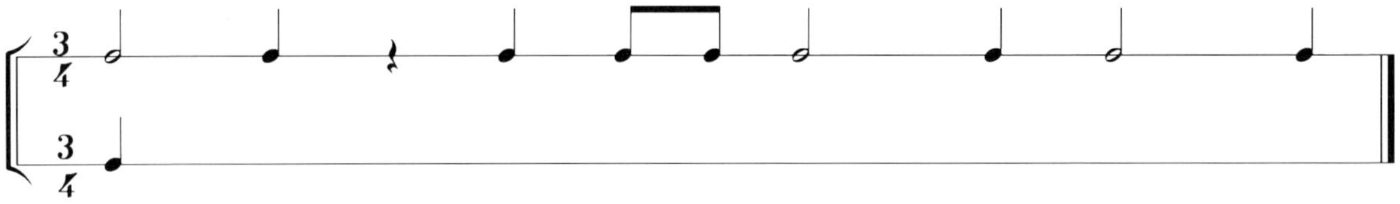

Wenn du die obere Zahl ergänzt, erhältst du die Taktart!

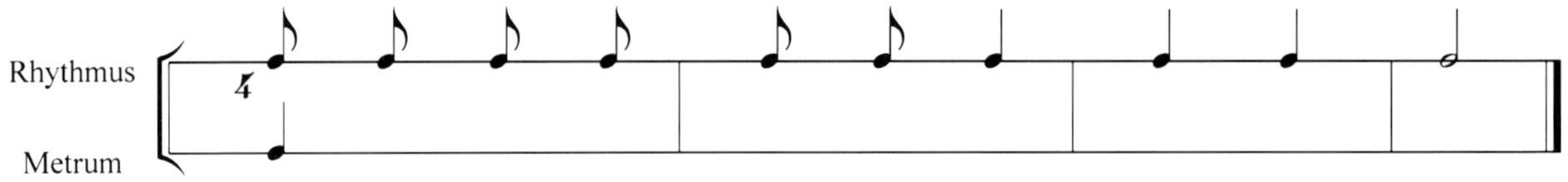

Füge nun in der unteren Notenzeile die Grundschläge hinzu!

Mach hier weiter!

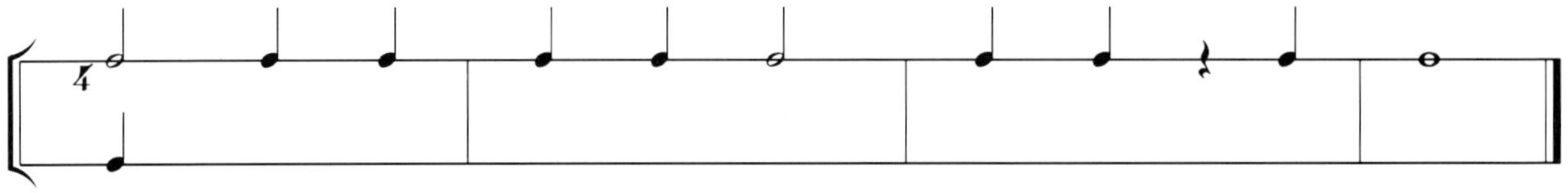

Und hier kommt die letzte Aufgabe!

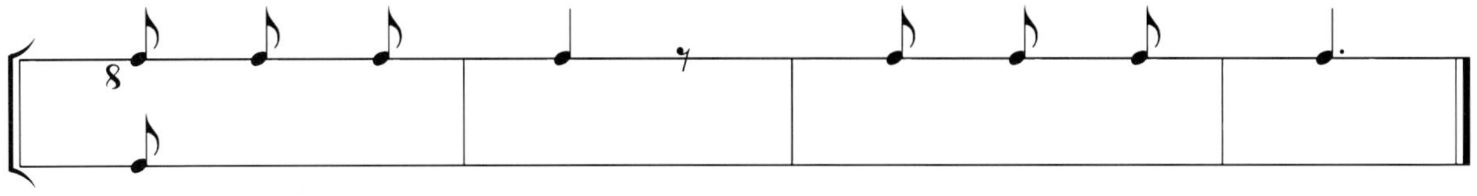

3. *Das Raphuhn*

Vorbemerkungen:
Das Rappen ist auch jüngeren Schülern schon geläufig. Ein schönes Beispiel für diese Art des Musizierens ist „Das Raphuhn“. Es ist inhaltlich reizvoll und kann aufgrund seiner klaren Struktur gut als Einstieg in das Thema „Rap“ dienen. Die attraktiv gestaltete Tonaufnahme erleichtert den Einstieg.

Methodische Tipps	**Zeit**	**Medien**
Text lesen		
• S lesen die drei Strophen des Textes für sich durch. Inhaltliche Fragen werden geklärt. • Einzelne S lesen die erste Strophe langsam vor. L hilft und hält metrumbasierten Rhythmus beim Vorsprechen durch. S vollziehen dies nach.	10	AB 45
Hören		
• S hören die Tonaufnahme von der CD. Sie stellen vermutlich fest, dass sie noch schneller sprechen müssen.	5	TB 48
Musizieren		
• S üben die erste Strophe im Tempo des Originals.	10	
Information		
• Der Gesamtablauf des Raps wird anhand des AB durchgesprochen. • Der Einsatz vor der ersten Strophe wird erklärt. 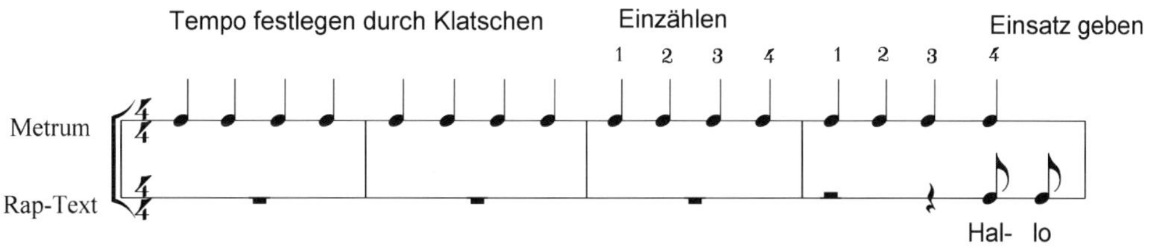 	10	AB 45
Musizieren		
• S musizieren zunächst eine Strophe zur CD. • Nach mehreren Wiederholungen und dem Hinweis auf den Gesamtablauf wird der gesamte Rap musiziert.	10	TB 48

Das Raphuhn

Text und Musik: Felix Janosa

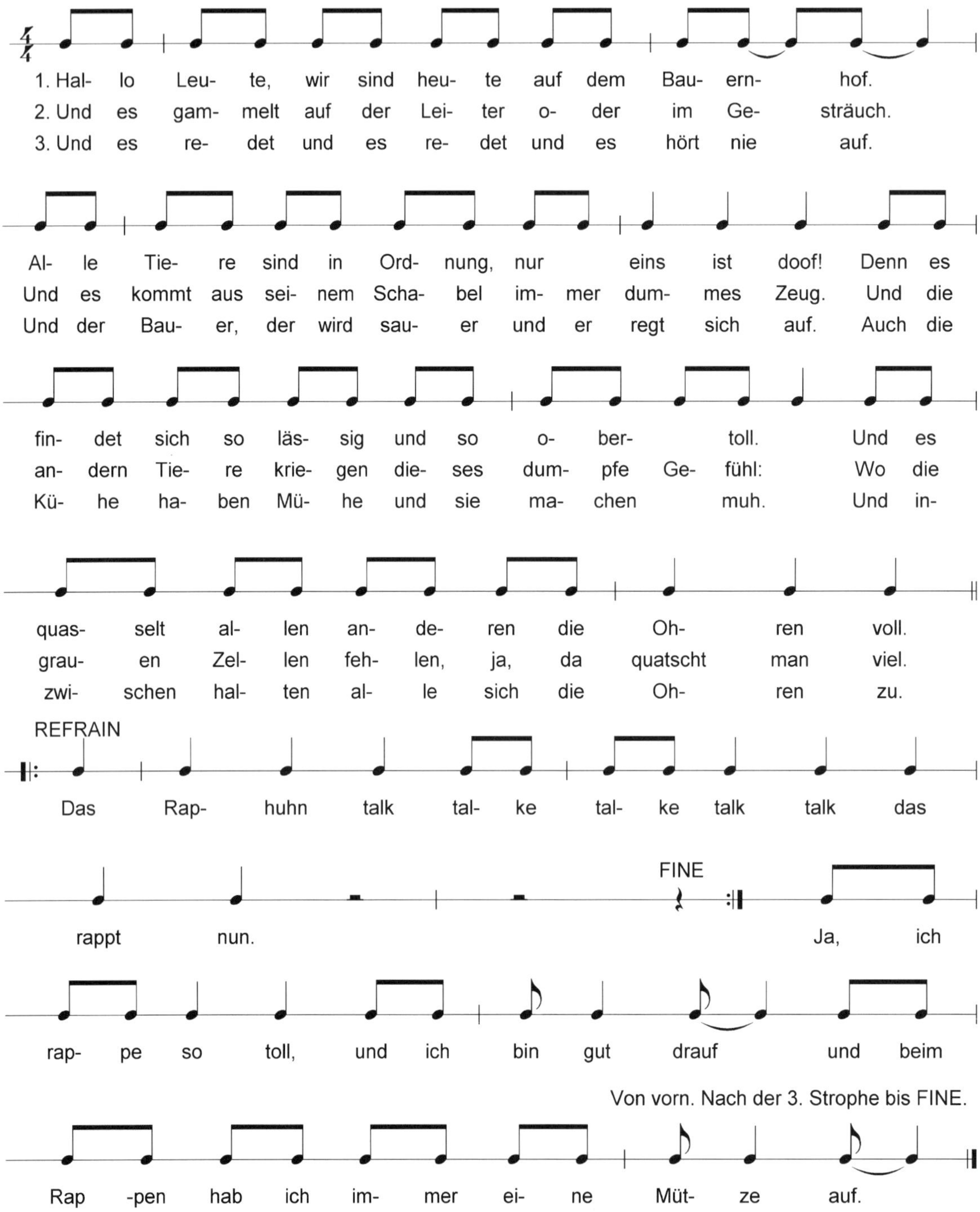

Verlauf des Raps:

Grunzen – 4 Takte Vorspiel – Strophe 1 und Refrain – 8 Takte Zwischenspiel – Strophe 2 und Refrain – 12 Takte Zwischenspiel – Strophe 3 ohne Refrain

Der Einsatz jeder Strophe erfolgt immer auf der 4. Zählzeit.

4. Einen Rap erfinden und gestalten

Vorbemerkungen:
Für das Erfinden und Gestalten eines Raps werden ein rhythmisch zu sprechender Text sowie eine rhythmische Begleitung benötigt.
Günstig ist es, mit dem rhythmischen Begleitmuster zu beginnen, an dem alle Schüler beteiligt sind. Der Text wird am besten in kleinen Gruppen erarbeitet.

Methodische Tipps	Zeit	Medien
Erproben und Experimentieren		
• S stampfen das Metrum, ein S wird gebeten, einen leichten Rhythmus dazu zu erfinden. Er wird von allen S auf Rhythmusinstrumenten übernommen. • Rhythmus wird z. B. auf zwei Instrumente verteilt. • Der L oder ein anderer S erfindet einen weiteren Rhythmus. Er wird ebenfalls, wie im Beispiel, auf zwei Instrumente verteilt. • Beide Rhythmen können gemeinsam musiziert werden, bei entsprechendem Vorwissen der S. 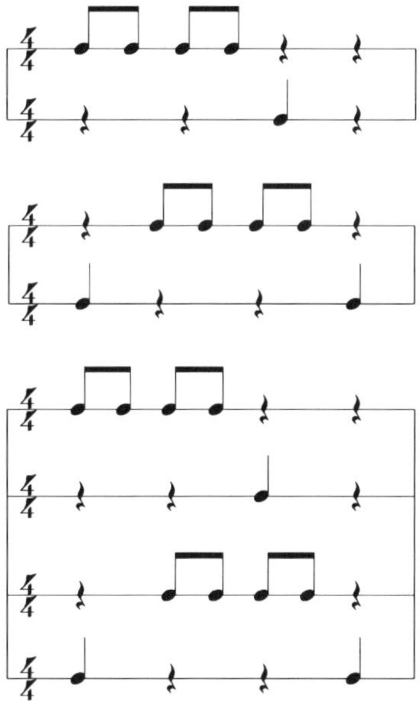 **Alternative:** • S musizieren stampfend ein Metrum. Vier S spielen zusätzlich das Metrum auf vier Rhythmusinstrumenten. • Jeder spielt seinen Ton zweimal hintereinander, d. h. zwei Achtel.	20	Rh.-Instr.
Musizieren		
• S musizieren die Rhythmen auf Instrumenten und stampfen dazu das Metrum. Das Ergebnis wird aufgenommen und dient dann als Grundlage für die Texterfindung.	15	Rh.-Instr.
Fächerübergreifender Aspekt		
• S arbeiten in kleinen Gruppen zusammen und erfinden zu dem immer wieder eingespielten Grundrhythmus einen Text (evtl. Thema vorgeben).		
Musizieren		
• Die Gruppen führen ihre Ergebnisse vor.		Rh.-Instr.

5. Der Punkt hinter der Note

Vorbemerkungen:
„Der Punkt hinter einer Note verlängert diese um die Hälfte ihres Wertes“ wird gern als Lernergebnis festgehalten. Dies hat für Schüler aber nur dann eine Bedeutung, wenn sie zuvor die Punktierung über Bewegung und Sprache erlebt haben.

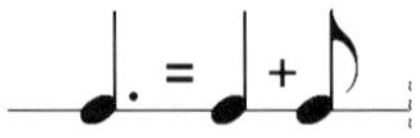

Methodische Tipps	Zeit	Medien
Sich bewegen		
• L spricht punktiert vor: „1 und 2 und 3 und 4 ...“ S sprechen abschnittweise nach. • S stellen sich in versetzter Doppelreihe nebeneinander auf mit Blick zum L. • L geht – links beginnend – 20 Schritte und spricht dazu „1 und 2 und ...“ S vollziehen dies – rechts beginnend – nach und haken sich dabei ein. • L geht – links beginnend – „rückwärts, vorwärts, seitwärts, ran, Hacke, Spitze, hoch das Bein“ und spricht dazu den Vers, beginnend mit „vorwärts“. S vollziehen dies nach, beginnen aber mit rechts.	10	AB 46
Musizieren		
• Am Platz sprechen die S den Vers, klatschen den Rhythmus und stampfen das Metrum.	5	
Hören		
• L klatscht eine punktierte Note mit folgender Achtel und spielt verschiedene Liedanfänge vor, in denen Punktierungen vorkommen oder nicht. S heben die Hand, wenn sie eine Punktierung erkennen. 	10	
Musizieren nach Noten		
• L spricht den Vers „Bring mir die Kekse!“ S sprechen nach. • L zeigt die Notation.  • L spricht den Vers mit einer Veränderung: „Bring die Kekse!“ S sprechen die veränderte Fassung nach.		

Methodische Tipps	Zeit	Medien
• L notiert Folgendes und erläutert die Bedeutung des Punktes. 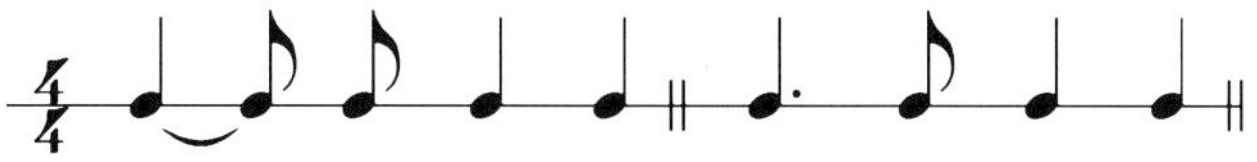	10	
Singen		
• S singen wiederholend das Lied „Guten Morgen, der Frühling ist da“. Sie suchen Punktierungen im Notentext und kreisen sie ein. • S wiederholen das Lied „Im Walde von Toulouse“ und kreisen die punktierten Noten ein.	15	AB 17 AB 2

AB 46

Bring (mir) die Kekse

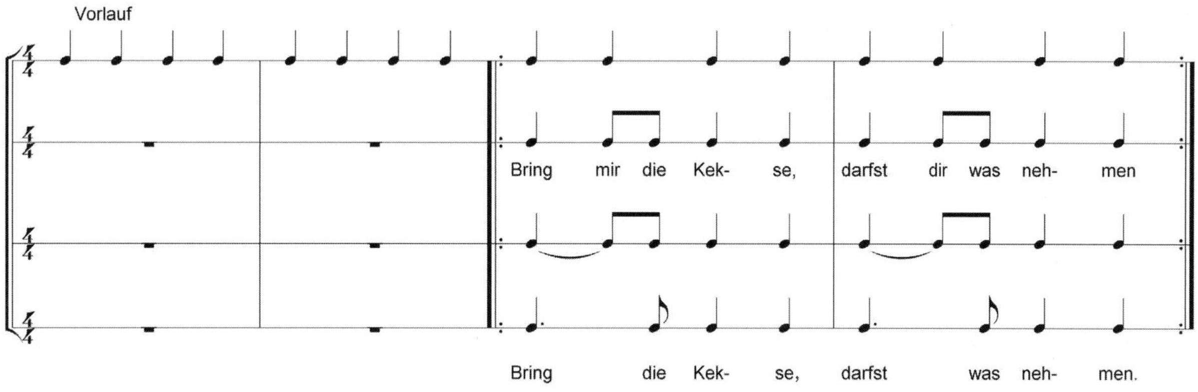

Ein Hut, ein Stock, ein Regenschirm

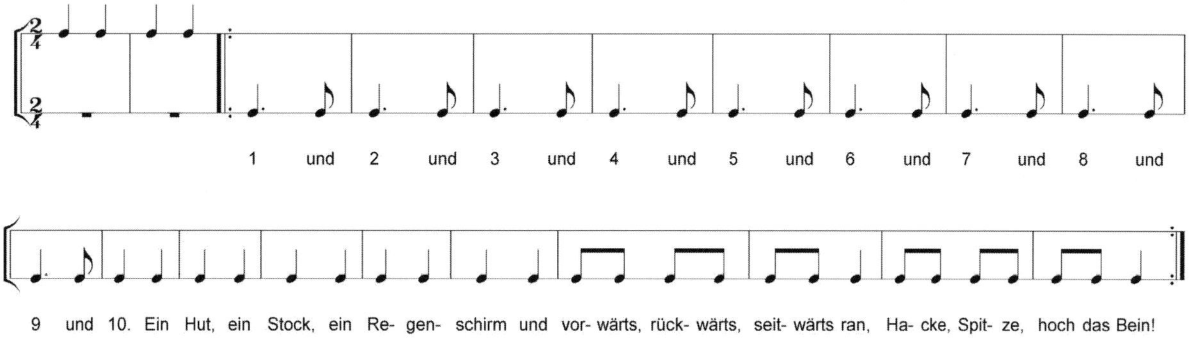

6. Praktischer Umgang mit der Tastatur

Vorbemerkungen:
Der Umgang mit der Tastatur setzt voraus, dass die Schüler des Öfteren Erfahrungen im Spielen auf Stabspielen gesammelt haben.

Tastatur: Sie besteht aus weißen und schwarzen Tasten. Die schwarzen Tasten sind abwechselnd in Zweier- und Dreier-Gruppen angeordnet („Zwillinge“ und „Drillinge“). Unabhängig von der Farbe haben alle Tasten den Abstand von einem Halbton (= kleinster Abstand zwischen zwei Tönen).

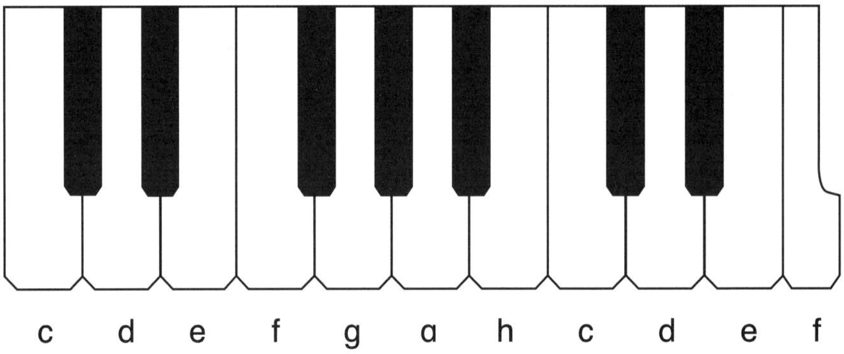

Methodische Tipps	Zeit	Medien
Musizieren		
• L gibt einen Notennamen vor, z. B. „g“. S suchen ihn auf ihrem Instrument und spielen ihn. Es folgt eine Wiederholung mit anderen Noten und Tönen. • L lässt Taste rechts von „a“ suchen, benennen und spielen. Es folgt eine Wiederholung mit anderen Tasten. • S spielen alle Töne auf ihrem Instrument, vom tiefsten bis zum höchsten und benennen alle Tasten der Reihe nach mit Namen.	15	Stabspiele
Tastatur betrachten und benennen		
• L zeigt eine Tastatur (Folie) und deutet auf eine bestimmte Taste. • S nennen den Namen und spielen den Ton. Es folgt eine Wiederholung mit anderen Tönen. • S beschriften die Tastatur, zunächst auf der Folie für alle sichtbar, dann jeder für sich. • S sollen das Lied „Hänschen klein“ spielen. Wenn sie die Melodie auf den Stabspielen gefunden haben, schreiben sie die Töne auf und vergleichen. • Es können noch andere Lieder gesucht werden.	25	AB 29 (Folie)

7. Spielen mit Linien und Zwischenräumen – Einführung in die melodische Notation

Vorbemerkungen:
Kein Thema wird oftmals so theoretisch behandelt wie die Einführung in die melodische Notation.

Melodische Notation: Die Noten für die Tonhöhen werden in ein Fünf-Linien-und-Vier-Zwischenraum-System geschrieben. Die tiefste Note steht unten, die höchste oben. (Kurze) Hilfslinien für noch tiefere und noch höhere Töne verlängern das System nach unten und oben. Die Tondauern werden durch die Notenwerte der rhythmischen Notation bezeichnet.

Das 5-Linien-und-4-Zwischenraum-System

1. Hilfslinie oben --------
5. Linie --
4. Zwischenraum
4. Linie --
3. Zwischenraum
3. Linie --
2. Zwischenraum
2. Linie --
1. Zwischenraum
1. Linie --
1. Hilfslinie unten --------

Methodische Tipps	Zeit	Medien
Notieren und Spielen		
• L zeigt ein Bild von einer Glockenspiel-Tastatur auf Folie. S beschriften die untere Reihe (c – d – e – f – g – a – h – c – d – e – f). • L dreht die Tastatur. S beschriften diese nochmals oder nennen die Tasten-Namen. • L legt Folie mit Tastatur und Notensystem auf und zeigt auf eine Taste. S spielen diesen Ton auf ihren Instrumenten (mehrmals wiederholen). • L (danach S) schreibt die Buchstaben der Tasten-Namen in das Notensystem. Dabei geht er von der gespielten Taste waagerecht nach rechts auf das Notensystem und trägt die Buchstaben ein. Die Buchstaben werden umkreist und somit zu Noten. • L trägt ein Notenwort ein, z. B. a – f – f – e. S spielt dieses und liest das Notenwort. • S sammeln und spielen Notenwörter (Beispiele: ach, ade, aha, chachacha, Dach, Fach, fad, Chef, Gehege, gehe, Hefe, egg, face ⇒ nur Wörter mit den Vokalen a und e). • S schreiben die Notenwörter auf ihr Arbeitsblatt. **Erweiterung:** • S schreiben alle Töne, die sie auf ihrem Instrument spielen können, als Noten auf.	60	AB 29 (Folie) Stabspiele AB 47

Tastatur und Notensystem

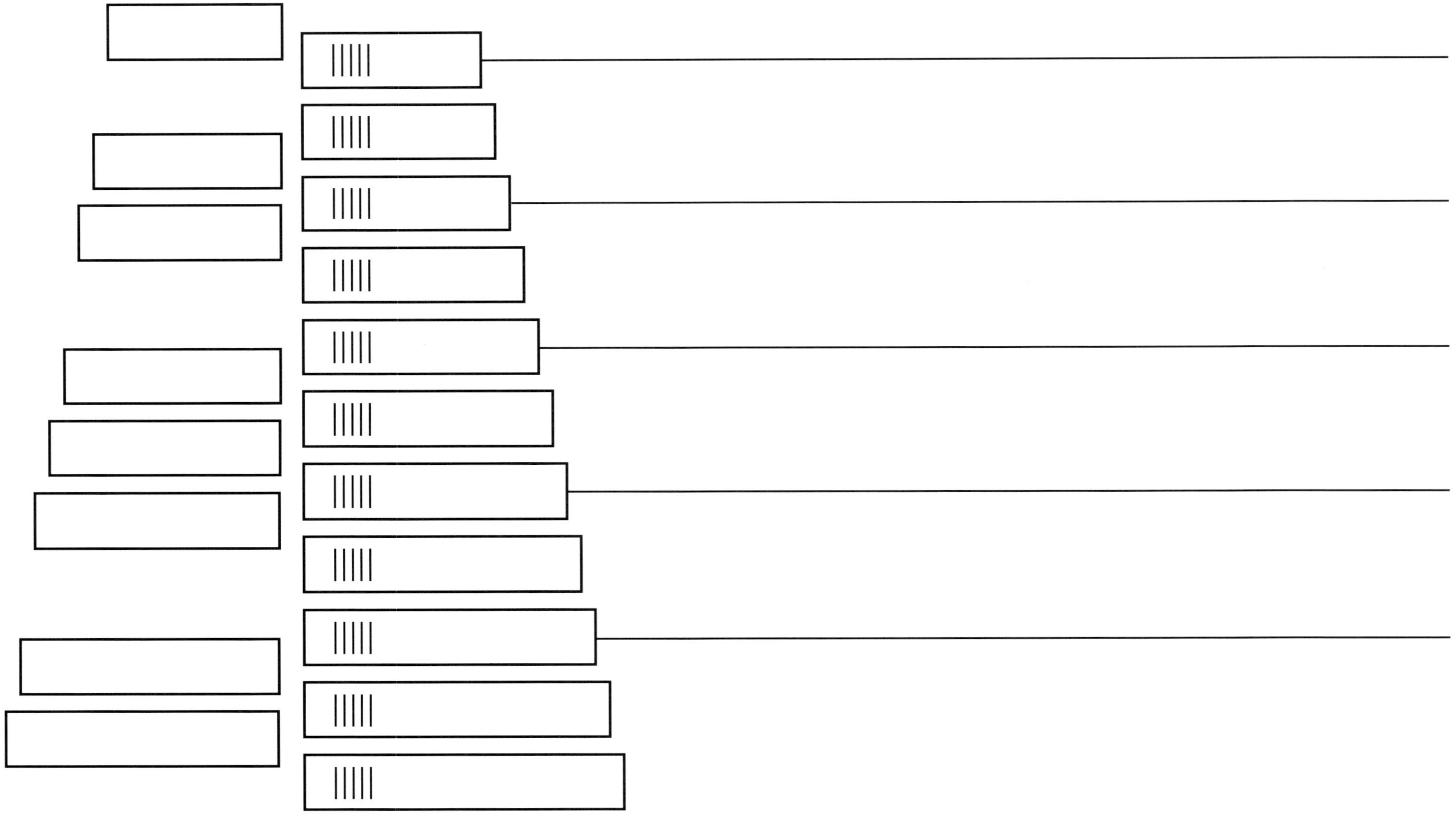

8. Der g-Schlüssel im Notensystem

Vorbemerkungen:
Unter der Voraussetzung vielfältigen spielerischen Umgangs mit dem kombinierten Notensystem-Tastatur-Bild kann letztendlich die Tastatur weggelassen werden.
Als neuer Anhaltspunkt auf dem 5-Linien-und-4-Zwischenraum-System dient der g-Schlüssel.

g-Schlüssel (= Violinschlüssel): Er nimmt seinen Anfang mit einem Punkt auf der zweiten Linie. Diese wird umkreist bis zur ersten und dritten Linie und dann nach oben geführt, macht eine geschwungene Wende, wird nach unten durch den g-Punkt geführt und endet geschwungen unter der ersten Linie.

Methodische Tipps	Zeit	Medien
Musizieren		
• L legt Folie mit kombiniertem Notensystem-Tastatur-Bild auf. • Ein S wählt eine Taste aus, die von einzelnen oder allen S benannt und gespielt wird. • Es folgen mehrere Wiederholungen. • Die Töne werden auf der Folie notiert. • L deckt Tastatur ab und lässt die Töne erneut spielen. • L-Info: „Zur besseren Orientierung schreibt man auf die g-Linie einen Schlüssel, der die Melodien, die ihr spielt, ‚aufschließt‘.“ • L malt einen g-Schlüssel an die Tafel. • S malen eine Folge von Schlüsseln auf ihr Arbeitsblatt.	20	AB 47 (Folie)
Schreiben und Musizieren		
• Nun folgt ein Notendiktat. Der Lehrer diktiert den Schülern den Liedanfang von „Bruder Jakob“. Die Schüler können das Lied dann mithilfe von Stabspielen fertig notieren und spielen.	15	Stabspiele Stift, Papier

9. Das Tonhöhen-Domino

Vorbemerkungen:
Hier können die Schüler den Übergang vom Musizieren nach Buchstaben zum Spielen nach melodischer Notation lernen.
Jedes Kärtchen enthält auf der linken Hälfte einen Buchstaben und auf der rechten Hälfte eine Note. Die Kärtchen werden – zuvor laminiert und zerschnitten – so aneinandergelegt, dass z. B. die Note des ersten Kärtchens mit dem Buchstaben auf dem zweiten Kärtchen in der Bedeutung übereinstimmt.
Die Lösungen ergeben zwei Liedanfänge: Old McDonald, Bruder Jakob.

Methodische Tipps	**Zeit**	**Medien**
Information		
• L zeigt einige übliche Dominosteine und lässt S das Spiel erklären. • L legt einige Kärtchen des Tonhöhen-Domino aus und lässt nochmals erläutern.	10	Domino-steine AB 48 + 49
Legen der Kärtchen und Musizieren		
• S arbeiten in Gruppen an einer der beiden Aufgaben. • Sie spielen ihre Ergebnisse nach den gelegten Buchstaben und beginnen bei „Start“.	15	Stabspiele AB 48 + 49
Musizieren		
• Die Endergebnisse werden einzeln und in Gruppen vorgespielt.	10	Stabspiele

Tonhöhen-Domino 1

Mit den Dominokarten könnt ihr einen sehr bekannten Liedanfang legen. Beginnt so, dass die Note der Startkarte mit dem Buchstaben der rechts angelegten Karte übereinstimmt. Legt weitere Karten an, bis die Note der letzten Karte und der Buchstabe der Startkarte gleich sind.

g	Start 	g	
g		d	
d		e	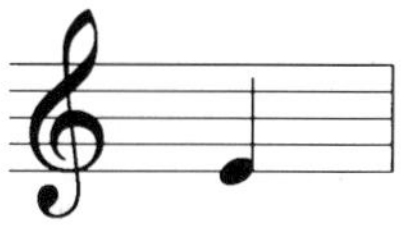
e		d	
h		h	
a		a	

Tonhöhen-Domino 2

Mit den Dominokarten könnt ihr einen sehr bekannten Liedanfang legen. Beginnt so, dass die Note der Startkarte mit dem Buchstaben der rechts angelegten Karte übereinstimmt. Legt weitere Karten an, bis die Note der letzten Karte und der Buchstabe der Startkarte gleich sind.

d	Start 	g	
a		h	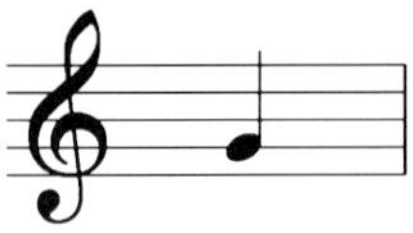
g	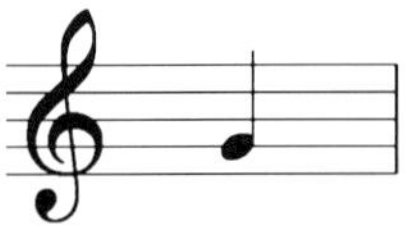	g	
a		h	
g		h	
c		d	
h		c	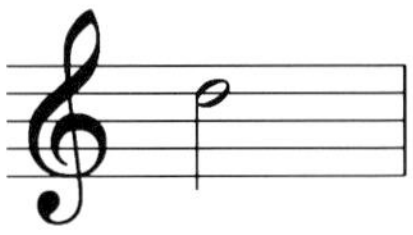

10. Spiele mit Tönen und Melodien

Vorbemerkungen:
Das Musizieren kleiner Melodien soll den Schülern allmählich mehr Sicherheit im Umgang mit Instrumenten und Noten geben.

Methodische Tipps	Zeit	Medien
Musizieren		
• L verteilt ein AB mit sechs kleinen Melodien. • S können ggf. nochmals die Noten benennen. • Sie üben die Melodien in Einzel- oder Partnerarbeit. • Die geübten Melodien werden vorgespielt.	20	Stabspiele AB 50
Komponieren		
• S setzen mehrere Melodien zu einem kleinen Musikstück zusammen. • Sie spielen die verschiedenen Ergebnisse vor.	20	Stabspiele AB 50
Fächerübergreifender Aspekt		
• S erfinden kurze Texte zu ihren Melodien und schreiben sie auf.		Stift, Papier

AB 50

Kleine Melodien

11. Erfinden und Notieren kleiner Melodien

Vorbemerkungen:
Schüler können kleine Melodien selbst erfinden, wenn bestimmte Vorgaben gemacht werden.

Methodische Tipps	**Zeit**	**Medien**
Musizieren und Notieren		
• L gibt die Töne vor. • S erfinden dazu eine Melodie, notieren sie in ihr Notenheft und üben sie auf dem Stabspiel. 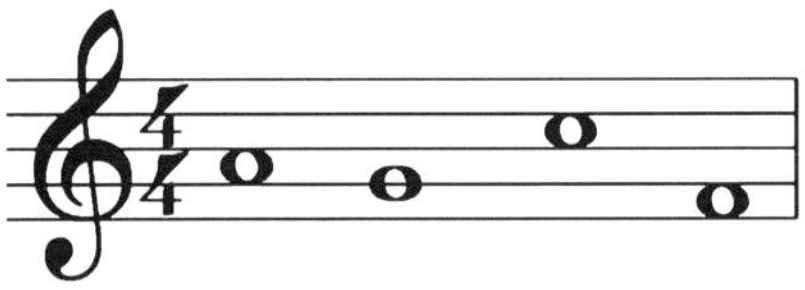 • Die Ergebnisse werden vorgespielt. • Verschiedene Melodien einzelner S werden zu einem kleinen Musikstück zusammengefügt.	20	Stabspiele Notenheft
Musizieren und Notieren		
• L gibt eine Tonfolge und den Schlusston f1 vor. 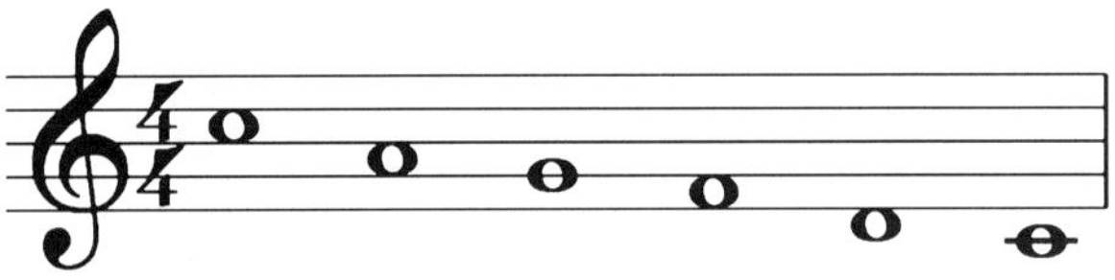 • S erfinden eine Melodie mit dem Schlusston f1 und schreiben sie in ihr Notenheft. • Die Ergebnisse werden vorgespielt.	20	Stabspiele Notenheft
Fächerübergreifender Aspekt		
• S erfinden einen Text zu ihrer Melodie.		

12. Liedanfänge zum Musizieren auf Boomwhackers oder Stabspielen

Vorbemerkungen:
Bei sorgfältiger Vorbereitung erleben die Schüler das Singen und Musizieren als Freude. Hier sollen Melodieanfänge von Liedern, welche die Schüler kennen, musiziert werden. Sie können als Vorspiel zum Liedgesang benutzt werden.

Methodische Tipps	Zeit	Medien
Information und Gruppeneinteilung		
• L legt Folie mit sieben Liedanfängen auf. • Sie üben in Einzel- oder Partnerarbeit ein von ihnen gewähltes Lied. • Die Liedanfänge werden vorgespielt und evtl. gemeinsam musiziert. • Die Liedanfänge werden als Vorspiel zu den Liedern musiziert, die Lieder werden dann gesungen.	30	AB 51 Stabspiele Bw.

AB 51

Liedanfänge zum Musizieren auf Boomwhackers oder Stabspielen

Ist ein Mann in Brunn´ gefallen

Trat ich heute vor die Türe

If you`re happy

Bruder Jakob

Zwei lange Schlangen

Was soll das bedeuten

Der Hahn ist tot

B Jahrespläne

Anmerkungen zu den Jahresplänen der Klassen 3 und 4

Die Themen der Jahrespläne sind zeitlich so verteilt, dass jeweils von Ferien zu Ferien geplant werden kann. Inhaltlich orientieren sie sich an den musikalischen Umgangsweisen:

- Sich bewegen und tanzen
- Singen und Lieder begleiten
- Musizieren auf Instrumenten
- Hören und Untersuchen von Musik
- Notieren und Spielen

Es wird ferner davon ausgegangen, dass pro Woche eine Unterrichtsstunde für das Fach Musik zur Verfügung steht.

Jahresplan Musik für die Klasse 3

	Sich bewegen und tanzen	**Singen**	**Musizieren**	**Hören und Untersuchen von Musik**	**Notieren und Spielen**
Sommer bis Herbst	1. Der Puls in der Musik	1. *Das Jahreszeitenlied* 3. *Ich male ein Bild*	1. Tägliches Vor- u. Nachklatschen 2. Wir ordnen Rhythmusinstrumente 7. Rhythmusspiele mit Boomwhackers	1. Es wird block- und quergeflötet	1. Spiele mit Rhythmen
Herbst bis Weihnachten	5. *Trat ich heute vor die Türe*	5. *Stern über Bethlehem*	1. Tägliches Vor- u. Nachklatschen 3. *Das Spukschloss* – Klanggeschichte	3. Die Trompete mit dem Schlauch	2. Spiele mit Taktarten
Weihnachten bis Ostern	6. Taktvolle Musik	8. *Guten Morgen, der Frühling ist da*	1. Tägliches Vor- u. Nachklatschen 10. Erste Begegnung mit Stabspielen	5. Saiteninstrumente – gezupft, gestrichen und angeschlagen	6. Praktischer Umgang mit der Tastatur
Ostern bis Sommer	4. *Das Fußballrhythmical*	9. *Weißt du, wie der Sommer riecht?*	1. Tägliches Vor- u. Nachklatschen 8. Dreiklangsspiele mit Boomwhackers 11. Spiele mit Stabspielen nach Gehör	4. *Die deutsche Nationalhymne*	3. *Das Raphuhn*

Jahresplan Musik für die Klasse 4

	Sich bewegen und tanzen	Singen und Lieder begleiten	Musizieren auf Instrumenten	Hören und Untersuchen von Musik	Notieren und Spielen
Sommer bis Herbst	2. *Im Walde von Toulouse*	10. *Im Land der Blaukarierten* 6. *Die alte Moorhexe*	4. Spiele mit Rhythmusinstrumenten 13. *Heute hier, morgen dort* – Mehrstimmige Begleitung eines bekannten Liedes	9. Die Instrumente einer Rockband	4. Einen Rap erfinden 5. Der Punkt hinter der Note 7. Spielen mit Linien und Zwischenräumen
Herbst bis Weihnachten	3. *Der Hahn ist tot*	4. *Dreikönigsspiel* – Singen und Musizieren	6. Rhythmusspiele zur Entwicklung des Formgefühls 5. Das *Hexeneinmaleins*	2. *Halleluja* – Kennenlernen des weltberühmten Chorsatzes von Georg Friedrich Händel	8. Der g-Schlüssel 10. Spiele mit Tönen und Melodien
Weihnachten bis Ostern	8. Grundfiguren für einen Poptanz	7. *Ich lieb' den Frühling* 2. *Der Mond ist aufgegangen*	12. *Der Hochzeitsmarsch*	7. *Bruder Jakob* in Dur und Moll – Kennenlernen der *1. Sinfonie* von Gustav Mahler 8. *In der Halle des Bergkönigs* – ein Satz aus Edvard Griegs Peer Gynt-Suite	9. Das Tonhöhen-Domino 12. Liedanfänge zum Musizieren
Ostern bis Sommer	7. Eine Polonaise tanzen	11. *Gestern an der Haltestelle*	9. Melodien-Medley 14. *Kanon für Streicher* – Musizieren zu Johann Pachelbel	6. Ludwig van Beethovens *Violinkonzert* – Lesen einer Partitur	11. Erfinden und Notieren kleiner Melodien

C Übergeordnete didaktisch-methodische Hinweise

Singen und Liederarbeitung

Auswahlkriterien von Liedern
- Die Lieder sollten einen kindgemäßen Text haben und die Schüler ansprechen.
- Die Melodie sollte sich leicht einprägen, also nicht zu lang sein, und sich in ihrem Kern im Tonraum von c1 bis c2 bewegen.
- Die Lieder sollten die Möglichkeit bieten, sich ihnen über die Bewegung zu nähern oder eine leichte (rhythmische) Begleitung erlauben.

Stimmbildung
Stimmbildung kann nur einen kleinen Teil des Musikunterrichts einnehmen, wird oft aber völlig vernachlässigt. Die Übungen sollten in vielen Varianten angeboten werden und möglichst in eine kleine Stimmbildungsgeschichte eingebettet werden. Eine gute Stimmbildung ist die Grundlage für wohlklingenden Gesang.
Stimmbildung in der Grundschule kann nach dem folgenden Muster durchgeführt werden:
- Phase der Körperlockerung: Muskulatur an- und entspannen,
- Gesichtsgymnastik
- Atemphase: gezielte Zwerchfellatmung, Atemstrom kontrollieren und variieren
- Artikulationsphase: Aussprache trainieren, Tonumfang erweitern, Umgang mit Lautstärke

Wege der Liedvermittlung
Für die Einführung eines Liedes gibt es verschiedene Methoden, die wechselweise angewendet werden sollten.
Vorweg einige Tipps, welche die Liederarbeitung vereinfachen:
- eine ruhige Atmosphäre herstellen, evtl. durch besondere Sitzordnung oder angemessenes Licht
- das Lied alleine vorsingen: die Schüler sollten unbedingt nur zuhören
- die richtige Tonlage wählen und bei der Wiederholung beibehaltenn
- den Anfangston von einem Instrument abnehmen
- bei Liedern mit Refrain zuerst mit dem Refrain beginnen
- kurze, leicht überschaubare Phrasen vorsingen
- Tempo festlegen, einzählen und Einsatz zum Singen geben
- die Tonhöhen mit dem Arm anzeigen
- abwechselnd im Stehen und Sitzen singen

Einstieg
- Der Lehrer spricht über den Singanlass oder stimmt kurz auf das Lied ein.
- Es sollten Übungen mit Stimmbildungsgeschichte angeboten werden, die thematisch zum Lied hinführen.
- Der Lehrer singt das Lied vor oder spielt es von CD ein.

Erarbeitung
- Die Schüler geben den Inhalt des Liedes mit eigenen Worten wieder; der Lehrer erläutert unverständliche Wörter.
- Der Lehrer spricht den Text im Rhythmus zeilenweise vor, die Schüler sprechen ihn nach.
- Der Lehrer singt zeilenweise vor, die Schüler singen nach.

- Lehrer und Schüler visualisieren beim Singen den Tonhöhenverlauf mit den Armen.
- Sie stampfen das Metrum zum Gesang.
- Texthilfen oder passende Bilder können das Erlernen des Textes erleichtern.
- Es wird im Wechsel in Gruppen gesungen.

Übung und Vertiefung

- Singen der Melodie mithilfe eines Playbacks
- Bewegungen zu dem Lied erarbeiten, den Inhalt szenisch darstellen
- Neue Strophen erfinden
- Schwierige Stellen mehrfach gezielt singen
- Liedbegleitung mit körpereigenen Instrumenten oder Rhythmusinstrumenten
- instrumentales Vor-, Zwischen- oder Nachspiel hinzufügen

Umgang mit Elementarinstrumenten

Unter Elementarinstrumenten werden die drei folgenden Gruppen verstanden:

- Rhythmusinstrumente
- Boomwhackers
- Stabspiele

Einige Tipps für die Vorbereitung auf das Musizieren

- Die Instrumente sollten in einem Schrank oder in Regalen aufbewahrt werden.
- Instrumente sowie Regale sollten mit den Namen der Instrumente beschriftet sein.
- Der Instrumentendienst kann die Instrumente selbstständig holen und ggf. aufbauen.
- Die normale Aufstellung für das Musizieren ist der Stuhlhalbkreis.

Tipps für das Musizieren selbst

- Nach dem Austeilen der Instrumente sollten die Schüler eine kurze Zeit frei spielen dürfen.
- In den Spielpausen sollten Schlägel oder ggf. Instrumente abgelegt werden.
- Hinweise zum pfleglichen Umgang sollten besprochen und befolgt werden.
- Bei Regelverstoß kann das zeitweise Abgeben des Instrumentes folgen.
- Musiziert wird im Halbkreis, damit jeder jeden sehen kann.
- Das gemeinsame Spiel sollte immer mit einem Rhythmusspiel beginnen. Dies funktioniert auch mit Stabspielen, da man hier Rhythmen auf einem oder zwei verabredeten Tönen spielen kann.
- Die Spielanleitungen sollten kurz und präzise sein.
- Variiertes Wiederholen bereits bekannter Grundübungen ist besonders effektiv.
- Regelmäßige Wiederholung der Instrumentennamen und deren Einprägen entlastet den Lehrer bei Ansagen.
- Ggf. kann ein Schüler die Dirigentenfunktion übernehmen.
- Bei Erörterung der Spielergebnisse möglichst ein „Richtig“ oder „Falsch“ vermeiden und stattdessen Anregungen zur Verbesserung geben.

Tipps für die Nachbereitung

- Der Instrumentendienst räumt ordentlich auf.
- Von Zeit zu Zeit sollte der Instrumentenschrank kontrolliert und defekte Instrumente oder Schlägel ausgesondert oder repariert werden. Nur so ist regelmäßiges Musizieren ohne Verdruss möglich.

Auswahl, Spielweisen und Verwendungsmöglichkeiten der Instrumentengruppen werden nun getrennt voneinander dargestellt:

Die Rhythmusinstrumente

Die Auswahl der Instrumente

- *Holzinstrumente:* Klanghölzer, Holzblocktrommel, Röhrenholztrommel, Guiro, Maracas
- *Metallinstrumente:* Triangel, Becken, Schellenring, Cabasa
- *Fellinstrumente:* Handtrommel, Bongos, Schellentrommel, Pauke

Die Spielweisen

- Klanghölzer locker halten: eine Hand bildet eine offene Faust, den Resonanzkörper, auf den ein Klangholz locker gelegt wird
- Holzblocktrommel und Röhrenholztrommel mit Holzschlägeln anschlagen
- Guiro mit Holzschlägel reiben
- Maracas schütteln
- Triangel an kurzem Seil fassen und mit Metallschlägel anschlagen
- Becken mit weichem Schlägel spielen
- Beim Schellenring mit freier Hand gegen den Ring schlagen
- Cabasa-Ketten in eine Hand legen, mit der anderen den Stiel hin und her drehen
- Bei Handtrommel, Bongos und Schellentrommel mit den drei mittleren Fingern auf das Fell in der Nähe des Randes schlagen oder mit weichem Schlägel spielen
- Die Pauke mit großem, weichem Schlägel anschlagen

Die Verwendung (Arbeitsbereiche)

- für rhythmische Spiele
- für freie Improvisationen zu unterschiedlichen Inhalten
- zur Verklanglichung von Texten
- zur rhythmischen Liedbegleitung
- für den Einsatz bei rhythmischen Mitspielsätzen zu Originalmusik

Die Boomwhackers

Auswahl der Instrumente

Die Boomwhackers sind nur in sogenannten Sätzen, also zu mehreren zu haben:

- diatonischer Satz: 8 Tonröhren mit den Tönen c1 – d1 – e1 – f1 – g1 – a1 – h1 – c2
- pentatonischer Satz: es fehlen die Töne f1 und h1
- chromatische Ergänzungen: cis1 – dis1 – fis1 – gis1 – b1
- diatonischer Satz: 8 Röhren von c – c1 (= 1 Oktave tiefer)
- Basskappen

Für den Anfang ist der diatonische Satz (c1 – c2) zu empfehlen, dazu einige Basskappen, die den Ton um eine Oktave nach unten versetzen.

Die Spielweisen
- Schlag in die flache Hand
- flacher Schlag auf den Schenkel
- Schlag auf die Schuhspitze
- Schlag auf die Kniescheibe
- Schlag mit einem Finger auf die Röhre
- schneller Schlag zwischen den Schuhen (= Triller)
- Rohr zwischen zwei Fingern drehen und hineinblasen (ergibt Sphärenklänge)

Wichtiger Hinweis: Die dem Körper zugewandte Öffnung des Rohres nicht teilweise mit der Hand verdecken. Der Ton wird sonst tiefer.

Die Verwendung (Arbeitsbereiche)
Die Boomwhackers können insbesondere in vier Arbeitsbereichen eingesetzt werden:
- zum rhythmischen Spiel (siehe Rhythmusinstrumente)
- zum melodischen Spiel
- zum akkordischen Spiel bei der Dreiklangsbegleitung von Liedern
- zum Musizieren bei Mitspielsätzen zur Originalmusik

Die Stabspiele

Zu den Stabspielen gehören die Glockenspiele, die Xylofone und die Metallofone. Sie bestehen aus einem Resonanzkörper aus Holz sowie aufgelegten Stäben aus Metall oder Holz.

Die Auswahl der Instrumente
Für einen ausgewogenen und angenehmen Klang kann es von Vorteil sein, eine gute Mischung an Instrumenten zu besitzen.
Dazu ist eine genaue Kenntnis der verschiedenen Oktavlagen der Instrumente vonnöten. Man unterscheidet:
- die Diskantlage, tiefster Ton c3 (liegt zwei Oktaven über der Kinderstimme und eine Oktave über der Sopranblockflöte): Diskant-Glockenspiel (Hersteller: Sopran-Glockenspiel)
- die Sopranlage, tiefster Ton c2: Sopran-Glockenspiel (Hersteller: Alt-Glockenspiel), Sopran-Metallofon, Sopran-Xylofon
- die Altlage, tiefster Ton c^1: Alt-Metallofon, Alt-Xylofon
- die Basslage, tiefster Ton c: Bass-Metallofon, Bass-Xylofon
- die Kontrabasslage, tiefster Ton C: gibt es als einzelne Stäbe aus Holz

Entscheidend für einen ausbalancierten Klang ist es, wenigstens ein Altinstrument zu besitzen, am besten ein Altxylofon. Noch besser wäre zusätzlich ein Bassinstrument. Alle übrigen Instrumente kann man nach Belieben miteinander kombinieren. Einige wenige Diskantinstrumente hellen den Klang auf, zu viele lassen ihn schrill erscheinen.

Die Spielweisen

Neben der Verwendung der richtigen Oktavlagen ist die Schlägelhaltung besonders wichtig. Der Schlägel liegt in der Hand wie ein Kochlöffel, der Handrücken zeigt nach oben.
Für die Glockenspiele sind Holzschlägel vorgesehen, für Xylofone und Metallofone Schlägel mit Filzkopf.
Anschlagpunkt ist jeweils die Mitte des Stabes, die nur kurz berührt wird.

Die Verwendung

Am häufigsten werden die Stabspiele zur Dreiklangsbegleitung von Liedern verwendet. Aber auch das Spielen leichter und kurzer Melodien ist möglich.
Daneben werden sie gerne bei der Vertonung von Klanggeschichten eingesetzt.

Entwicklung leichter Liedbegleitungen

Rhythmische Liedbegleitung

Sind Klang und Spielweise von Rhythmusinstrumenten den Schülern bekannt, so können sie auch zur Begleitung von Liedern eingesetzt werden. Die Freude an der Bewegung zu Liedern kann genutzt werden, um Bewegungsimpulse in Spielrhythmen umzulenken.

Einfügen von Rhythmen in Melodiepausen

Wird an geeigneter Stelle eine Pause in die Melodie eingefügt, etwa am Ende einer Zeile, so kann an dieser Stelle ein aus dem Stegreif gespielter Rhythmus hinzugefügt werden. Dieser wird völlig frei oder metrisch, d.h. auf der Basis von Grundschlägen, ausgeführt. Dies ist eine gute Möglichkeit, um Soli einzubauen.

Erfinden eines Rhythmus zur eingespielten Melodie

Die Schüler erfinden zu der von CD oder dem Instrument eingespielten Melodie einen kurzen Begleitrhythmus. Einzelne Versuche werden vorgespielt. Ein geeigneter Rhythmus wird ausgewählt und von allen Schülern übernommen. Er wird zum Begleitrhythmus des gesamten Liedes oder einer einzelnen Strophe. Für die übrigen Strophen müssen ggf. weitere Rhythmen erfunden werden. Es ist günstig, die Rhythmen mit Text zu versehen, um die Merkfähigkeit zu erhöhen.

Übernehmen von Standardrhythmen aus dem Repertoire

Es ist im Sinne aufbauenden Unterrichts, erarbeitete Rhythmen schriftlich zu fixieren. Dies kann am Anfang in grafischer Notation (mit Punkt und Strich) geschehen. So können geeignete Begleitrhythmen bei Bedarf abgerufen werden. Ein Poster mit Rhythmen im 2er-, 3er- und 4er-Takt ist auf jeden Fall hilfreich.

Begleitung mit Einzeltönen

Diese Art der Liedbegleitung setzt den erfahrenen Umgang der Schüler mit Stabspielen voraus.
Liederbücher enthalten Melodien, die über den Liedzeilen mit Buchstaben für die Liedbegleitung versehen sind. Diese können unmittelbar zur Begleitung benutzt werden. Der Einfachheit halber sollte die Begleitung stets auf der 1. Zählzeit eingesetzt werden, bei Liedern im 4er-Takt ggf. auch auf der 3. Zählzeit.

Begleitung mit Akkorden

Die über den Melodien stehenden Buchstaben bedeuten zugleich Akkorde, d.h. meist Dreiklänge. Diese sind im gewählten Grundrhythmus als Begleitung zu musizieren. In der beigefügten Dreiklangstabelle können die benötigten Buchstaben/Töne abgelesen werden.

5. Ton	g	a	c	d	e	f	a	h	d	e	**fis**
3. Ton	e	**fis**	a	h	**cis**	d	f	g	**b**	c	d
1. Ton	c	d	f	g	a	**b**	d	e	g	a	h
Buchstabe (Grundton)	C	D	F	G	A	B	Dm	Em	Gm	Am	Hm

Die fett gedruckten Buchstaben sind sogenannte „abgeleitete" Töne (= schwarze Tasten auf dem Klavier) und erfordern zweireihige Stabspiele oder die gelegentliche Hinzunahme der Stäbe cis, fis und b.
Die Begleitdreiklänge werden in Blöcken an verschiedene Schülergruppen vergeben (z. B. Gruppe 1: c – e – g; Gruppe 2: f – a – c; Gruppe 3: g – h – d).

Begleitung mit Akkorden in Raster-Notation

Bei der Verwendung der Raster-Notation lassen sich aus den Blöcken Einzelstimmen entwickeln. Im Raster stehen in der ersten Spalte die Buchstaben für die Tonhöhen, während in den Zeilen die zu spielenden Töne für jeden Einzelspieler eingetragen sind, und zwar unabhängig von dem jeweils erklingenden Dreiklang.

	1	2	3	4	1	2	3	4
c	○		○				○	
h					○			
a			○					
g	○				○		○	
f			○					
e	○						○	
d					○			
c	○		○				○	

Bei der Verwendung von Stabspielen können statt der senkrecht zu lesenden Dreiklangsblöcke waagerecht zu lesende Einzelstimmen entstehen. Beispiele: Aus den Zeilen c und h wird die Stimme: c – c – h – c. Aus den Zeilen a und g wird die Stimme: g – a – g – g usw. Bei der Benutzung von Boomwhackers würde (in fortgeschrittenen Gruppen) ein Spieler mit zwei Röhren musizieren.

Liedbegleitung in melodischer Notation

Das Musizieren nach melodischer (= traditioneller) Notation ist zweifellos die anspruchsvollste Form von Liedbegleitung. Es setzt einen vielfältigen Umgang mit dieser Notationsart voraus, vor allem im Spiel, im Erfinden und Notieren kleiner Melodien. Nur so kann die notwendige Sicherheit für das gemeinsame Musizieren entwickelt werden.

Hinweise zum Tanzen und Bewegen

Die Motivation für Tanz und Bewegung entsteht bei Schülern aus der ursprünglichen Freude am Nachahmen, am Darstellen sowie am gemeinsamen Tun.
Da Bewegung elementares Bedürfnis von Schülern ist, sammeln sie dadurch Erfahrungen und lernen die (Um-)Welt kennen. Bewegung zur Musik beflügelt zudem die Fantasie, wenn sie inhaltlich mit Natur und Technik oder der Märchenwelt verbunden wird.
Bewegung und Tanz kennt zwei Ausprägungen gegensätzlicher Natur: den kreativen Tanz sowie die tradierten Tanzformen.
Kreativer Tanz ergibt sich aus freier Ausdeutung von inhaltlichen Vorgaben seitens der Musik (z. B. E. Grieg: In der Halle des Bergkönigs) oder aus der Freude an der Weiterführung vorgegebener Bewegungsmuster. Die tradierten Tanzformen sind Bestandteil unserer Kultur und sollten den Schülern in kindgemäßer Form ebenfalls nähergebracht werden. Es handelt sich dabei im Wesentlichen um Formationstänze. Beide Ausprägungen haben eine wichtige Funktion im Unterricht und sollten sich ergänzen.

Aspekte von Bewegung

Die Bewegung zu Musik erfordert eine Koordination des Körpers und ein sensibles Eingehen auf die besonderen Merkmale des Hörbeispiels. Dies sollte in spielerischer Form mit inhaltlichen Angeboten an die Schüler geschehen.
Zugleich aber findet Bewegung in einem definierten Raum statt. Es ist daher die Raumdimension in den Blick zu nehmen und die Bewegung in ihrem Umfang auf den jeweiligen Raum zu beziehen. Die bewusste Bewegungsänderung nach einer bestimmten Anzahl von Schritten kann hier hilfreich sein.
Da aber Bewegung und Tanz im Unterricht nicht isoliert, sondern in der Gruppe oder mit einem Partner realisiert werden, ist besondere Sorgfalt auf das Miteinander zu legen. Klare Regeln, z. B. im Bezug auf das nicht Berühren-Dürfen der anderen Schüler, sind unabdingbar.

Formationen bei Tanz und Bewegung

Tanz und Bewegung lässt sich in unterschiedlichen Formationen darstellen.
Jüngere Schüler werden zuerst ihren Körper und den Raum erkunden wollen. Dies kann über inhaltliche Vorgaben erreicht werden (ein Roboter bewegt sich durch die engen Gassen einer Stadt, unterwegs als wilde Hummel usw.).
Das Tanzen mit einem Partner erfordert das sensible Aufeinander-Eingehen der Schüler: Geeignet ist eine Spiegelübung, bei der ein Partner eine Figur vormacht und der andere sie imitiert.
Das Hintereinander im Bewegungsmuster einer Schlange erfordert bereits eine metrische Grundordnung, in der die beteiligten Schüler sich gemeinsam bewegen: Alle beginnen mit demselben Fuß, bewegen sich in gleicher Geschwindigkeit und fassen sich in derselben Weise an.

Eine geordnete Reihe ist nur möglich, wenn die Schüler ihre direkten Nachbarn, aber auch die restlichen Schüler ihrer Reihe im Blick haben. Zugleich wird es notwendig, Schrittfolgen festzulegen, die das Vorwärts-, Rückwärts- und Seitwärts-Gehen regeln.
Das Tanzen im Kreis beinhaltet die Schwierigkeit, diese Form in Größe und Gestalt beizubehalten. Dies wird vielfach nur über eine Bodenmarkierung erreicht werden können. Im Stirnkreis (= Blickrichtung zur Kreismitte) kann das Vorwärts- und Rückwärts-Gehen, sowie das Gehen auf der Kreisbahn geübt werden. Der Flankenkreis (= eine Schulter zur Kreismitte) hält als Besonderheit den Richtungswechsel auf der Kreisbahn bereit. Die Bewegungen können mit Schritten in die Kreismitte kombiniert werden, also mit Elementen des Stirnkreises.

Schrittfolgen
Werden bestimmte Schrittfolgen erlernt, so empfehlen sich eindeutige und kurze Tanzkommandos. Sie lauten beispielsweise beim Vorwärts-Gehen: rechts, links, r, l, r, l, r, ran, wobei „ran“ das Heranziehen des linken Fußes auf gleiche Höhe mit dem rechten Fuß bedeutet. Bei Seitwärtsbewegungen lauten die Tanzkommandos etwa: r, ran, r, ran. Beim Seitenwechsel wird der letzte Schritt nicht belastet (Tanzkommandos: r, ran, r, ran, r, ran, r, tipp). Der nicht belastete Fuß wird als erster Schritt in die Gegenrichtung benutzt.
Das Vorwärts-Gehen kann mit dem Seitwärts-Gehen kombiniert werden. Beginnt das Vorwärts-Gehen mit rechts, so wird vor dem nach Rechts-Seitwärts-Gehen der linke Fuß an den rechten herangezogen. Soll nach demselben Beginn nach links-seitwärts gegangen werden, so wird der letzte (linke) Schritt nur getippt und dann mit demselben Fuß seitwärts gegangen.

Methodik
Bewegung und Tanz zu Musik wird in der Regel mit dem Anhören der Tanzmusik beginnen. Es können dann erste Versuche unternommen werden, den Formablauf der Musik zu gliedern, sei es durch individuelle Bewegungen der Schüler zur Musik oder durch Handaufzeigen bei Beginn eines neuen Formteils.
Da viele Schüler bei einer Forderung nach Erfindung eigener Tanzfiguren vermutlich überfordert sein werden, empfiehlt sich eine Anregung durch den Lehrer. Oftmals können dann die weiteren Teile durch Vorschläge von Schülern gestaltet werden. Die Endfassung eines Tanzes wird in der Regel eine Gemeinschaftsleistung von Schülern und Lehrer sein.

Notation und wie sie funktioniert

Die didaktische Diskussion, ob Notation im Musikunterricht einen Platz haben sollte, wurde mit Leidenschaft geführt, ist aber inzwischen Vergangenheit.
Einige Argumente gegen die Einführung und Verwendung von Notation im Unterricht lauteten etwa:

- Viele Rock- und Jazzmusiker beherrschen keine Noten und sind trotzdem hervorragende Musiker.
- Wer kein Instrument spielt, benötigt auch keine Notenkenntnisse.

Diese Gegenargumente haben zunächst etwas Faszinierendes, weil sie die Musikpädagogen von der Beschäftigung mit einer als schwierig geltenden Materie entbinden und sie von einer Ausdauer und konzeptionelle Arbeit erfordernden Bürde entlasten.
Warum sollen Schüler aus heutiger Sicht also dennoch Noten lernen?
Dieser Frage nachzugehen bedeutet, zunächst deren Funktion zu bestimmen:

Notation

- ist nie Ausgangspunkt von Musikunterricht und auch kein Selbstzeck.
- sollte im Zusammenhang mit direkter Anwendung gelernt werden.
- bildet den letzten, aber notwendigen Schritt eines Musikunterrichts, der aufbauend organisiert ist.

Was muss also vorausgehen?
Musikunterricht sollte zuerst ausgiebige Musikpraxis sein. Wer Grundschüler beobachtet, der weiß, dass sie zu allererst Bewegung benötigen. Der Umgang mit verschiedenen Bewegungsformen führt in letzter Konsequenz zu Notation. Der Charakter, die Bewegung einer Musik, ist tanzend im Raum abbildbar, im weiteren Verlauf aber auch auf Papier. Diese grafischen Zeichen sind bereits Notation und visualisieren den Gesamtablauf einer Musik.
Auch das Singen von Melodien wird erleichtert, wenn es durch Visualisierung unterstützt wird. Dabei ist es zunächst nicht unbedingt erforderlich, präzise Notenkenntnisse zu besitzen oder zu erwerben. Es genügt, das Ganze gleichzeitig im Blick zu haben und sich auf einzelne Teile beziehen zu können.
Das Musizieren auf Instrumenten sollte selbstverständlich zunächst ohne Noten erfolgen. Beim Umgang mit mehrstimmigen Stücken ergibt sich jedoch irgendwann die Notwendigkeit, sich auf schriftlich Fixiertes zu beziehen. Ein Hinweis auf die Möglichkeit schneller Verständigung über zu übende Details mag dies verdeutlichen.
Auch das Hören von Musik funktioniert ohne Notation. Bei Gesprächen über Gehörtes hilft es jedoch sehr, die Grundzüge von Notation zu kennen, weil sie das bereits Verklungene mit dem gerade zu Hörenden und dem noch Folgenden visuell verknüpft. Das gesamte Hörbeispiel ist vor Augen, obwohl immer nur ein Teil erklingt. Man könnte dies Hör-Notation nennen. Diese bildet ein Musikstück ab in Form von Linien, Pfeilen oder Blöcken. Sie bezieht sich meist auf die Visualisierung einer musikalischen Eigenschaft:

- Die Lautstärke wird dargestellt als <<<< oder ------- oder >>>>.
- Klangfarben werden dargestellt als Felder, die farbig markiert sein können.

Alle Instrumente	Holzbläser	Streicher	Blechbläser

- Formteile werden dargestellt als Felder, die mit Buchstaben markiert sind.

A	B	A	C

Im Folgenden sollen nun vier verschiedene Spiel-Notationen beschrieben werden, die in gewisser Weise aufeinander aufbauen.

1. Grafische Notation

Auf der Basis eines gezielten Umgangs mit Rhythmusinstrumenten werden nach geraumer Zeit Zeichen für Klänge eingeführt. Punkt und Strich werden als grafische Zeichen für kurze und lange Töne genommen.

1	2	3	4	1	2	3	4
○	○	———		○	○	○	P

P = Pause

2. Rhythmische Notation

Die eher abbildenden Zeichen Punkt und Strich werden durch die konventionellen Zeichen für Viertel und Halbe ersetzt. Die rhythmische Notation wird bei rhythmischen Spielübungen, bei der Liedbegleitung sowie beim Mitspielen zu Musikstücken verwendet.

3. Raster-Notation

Für das Musizieren von Melodien und mehrstimmigen Musikstücken wird eine Kombination aus Buchstaben (für die Tonhöhen) und grafischen Zeichen (für die Tonlängen) benötigt. Diese werden in einem Raster zweidimensional dargestellt. Die Schüler übernehmen beim Musizieren jeweils eine Zeile.

	1	2	3	4
c				
h				
a				
g				○
f				
e			○	
d		○		
c	○			

4. Melodische Notation
Der Übergang zur melodischen Notation – unserer gebräuchlichen traditionellen Notenschrift – bedarf der besonders sorgfältigen Planung.
Ausgangspunkt ist die Beschäftigung mit Tastatur und Tastaturbild eines Glockenspiels, wobei ausgiebiges Spiel auf Stabspielen – entweder ohne Noten oder mit Raster-Notation – vorausgegangen sein sollte. Die Schüler wissen also, wie die Töne zueinanderliegen.
Die Tastatur wird senkrecht (= tiefe Töne/große Stäbe unten) aufgehängt und mit Notennamen beschriftet. Es werden nun die fünf Notenlinien rechts in Höhe der Tasten waagerecht angefügt. Kleine waagerechte Pfeile können den Zusammenhang zwischen Taste und Notenlinie verdeutlichen.
Die auf der Tastatur stehenden Notennamen werden nun nochmals rechts im Notensystem als Buchstaben eingetragen.
Diese werden dann umkreist und erscheinen als Noten (ohne Hälse). Die Buchstaben werden später weggelassen.
Nach ausgiebigem Musizieren von kleinen Tonfolgen, Liedanfängen u.Ä. wird die Tastatur entfernt und der g-Schlüssel (mit seinem Beginn auf der 2. Linie) eingeführt.
Notation ist demnach ein wichtiger Bestandteil eines Musikunterrichts, der, ausgehend von reichhaltiger Musikpraxis, aufbauend organisiert ist und Nachhaltigkeit anstrebt.

Hören von und Sprechen über Musik

Das Hören von Musik ist eine beliebte Beschäftigung von Kindern. Sie erleben sie emotional und ohne Reflexionsabsichten. Unterricht hingegen zielt in letzter Konsequenz auf eine Anbahnung bewussten Hörens.
In einer etwas vereinfachten Betrachtungsweise hat Musik einerseits einen emotional-inhaltlich-stimmungshaften und andererseits einen formal-strukturellen Aspekt. Beide bedingen einander und sind im einzelnen Werk jeweils unterschiedlich ausgeprägt; mal überwiegen formale, mal inhaltliche Details.
Musikunterricht sollte sich mit beiden Seiten beschäftigen.

1. Kinder verlangen beim Musikhören zu allererst nach einer Aktion. Sie wollen sich zur Musik bewegen oder dazu malen (z.B. *A. Vivaldi: „Vier Jahreszeiten“, Der Winter*) oder sie erfinden eine passende Geschichte (z.B. eine Gewittergeschichte zu *L. v. Beethovens „Pastorale“*).

2. Darüber hinaus kann das Identifizieren von Instrumenten, besonders wenn diese Eigenschaften von Menschen oder Tieren symbolisieren, zu einem deutlichen Erkenntnisgewinn führen (z.B. *S. Prokofieff: „Peter und der Wolf“*).

3. Kinder singen in der Regel gern und erfreuen sich daran, wenn sie Lieder in Instrumentalstücken wiedererkennen (z.B. *Bruder Jakob – G. Mahler, 1. Sinfonie*).

Dies alles kommt ohne Notation aus. Sobald aber Gespräche über erklungene Musik geführt werden, die über das Benennen von Details hinausgehen, so ist es hilfreich, wenn Erklungenes auf elementare Weise visualisiert wird. Die Hör-Notation befasst sich nicht mit der Dar-

stellung einzelner Noten oder Tonfolgen in rhythmisch-präziser Form, sondern bildet den Verlauf einer Musik grafisch als Linien, Bänder oder Blöcke ab.

Grundschüler werden beim Umgang mit Komponisten und ihren Werken insbesondere diese Aufgabentypen bearbeiten:

- Der Lebenslauf eines Komponisten wird in den Mittelpunkt des Unterrichts gestellt. Günstig für Schüler ist die Beschäftigung mit Mozart, insbesondere wegen seiner Rolle als „Wunderkind". In diesem Zusammenhang können Ausschnitte aus einzelnen Werken gehört werden, ohne sie näher zu behandeln.
- Der Charakter einer Musik wird thematisiert. Er bietet Anregungen zum Verbalisieren, zum Bewegen, zum Malen und zum szenischen Spiel (C. *Saint-Saens: „Der Karneval der Tiere", Das Aquarium*)

Die Klangabschnitte eines Musikstücks werden grafisch dargestellt. Sie lassen sich farbig markieren, etwa Holzbläser schwarz, Blechbläser gelb usw.

Alle Instrumente	Holzbläser	Streicher	Blechbläser

- Der formale Aufbau eines Musikstücks wird zum Unterrichtsgegenstand (z. B. das Mitspielstück *„It's easy"*). Es entsteht eine Verlaufspartitur, die aus Buchstaben besteht:

A	A	A	A	B	A	A

- Die Abschnitte eines Musikstücks werden den entsprechenden Notenabschnitten zugeordnet. Die Notenbeispiele werden original dargeboten, es wird aber nur die Bewegungsrichtung der Noten (aufwärts, abwärts, gleichbleibend) und ihre Häufung (viele oder wenige Noten) betrachtet (z. B. *N. Rimsky-Korsakow: „Der Hummelflug"*).
- Eine Partitur wird auf bestimmte Details hin befragt. So werden Klangerwartungen geweckt und aufgebaut: Wie viele Instrumente hat der Komponist eingesetzt? Welche Instrumente spielen im ersten Takt? Welche Blechblasinstrumente spielen mit? Welche Instrumente spielen nur zwei Töne? Klatscht die Töne, welche die Klarinette spielt. Welches Instrument spielt im 4. Takt einen Dreiklang? Hier können Bezüge zwischen einzelnen Musikabschnitten hergestellt werden, was ohne Visualisierung schwierig wäre.
- Das Mitspielen zu Musikwerken setzt einige der in Kapitel „Notation und wie sie funktioniert" erworbenen Kenntnisse voraus. Hier wird die Brücke zur Spiel-Notation betreten, die in den Ausprägungen der grafischen und rhythmischen Notation sowie der Raster- und melodischen Notation vorliegt.
- Das Mitspielen erfordert die ständige Orientierung am Original und schärft so das Ohr für kompositorische Mittel und Zusammenhänge.

Das Hören von Musik sollte in seiner ganzen Breite erlebt werden und zum Handeln anregen. Es würde sich damit deutlich von dem eher rezeptiven Umgang mit musikalischen Werken in Form von Werkbetrachtung unterscheiden.

Leistungsmessung und Leistungsbewertung

Die Leistungsmessung sowie die Leistungsbewertung dient den Schülern in erster Linie als Rückmeldung für ihre eigene Einschätzung. Für Lehrer ist sie insbesondere Voraussetzung für gezielte Förderung.
Während die Schüler regelmäßige Rückmeldungen über ihren Leistungsstand benötigen, damit sie sich richtig einzuschätzen lernen, brauchen die Lehrer detaillierte Auskünfte über Leistung und Verhalten der Schüler, damit sie diese gezielt fördern können.
Ein mit den Schülern besprochenes Beurteilungssystem kann aus den Zeichen +, – und 0, aber z. B. auch aus Sternchen oder kurzen schriftlichen Kommentaren bestehen.

Im Musikunterricht können zum Zweck der Leistungsfeststellung außer Beobachtung im Unterricht Aufgabentypen aus den folgenden Umgangsweisen als Grundlage zur Beurteilung dienen:

Sich bewegen zu Musik: Schrittfolgen korrekt ausführen – sich tänzerisch frei bewegen – Grundbegriffe der Tanzformen sachgerecht anwenden – in einer Gruppe eigene Tanzgestaltungen entwerfen und vorführen

Singen und Sprechen: ein Lied vorsingen, auch in der Gruppe – ein kleines Motiv nachsingen – einen Liedtext vortragen – Sprechverse und Artikulationsspiele aufsagen und durchführen

Musizieren: körpereigene Instrumente korrekt einsetzen – ein Metrum über eine gewisse Zeitspanne im gleichen Tempo durchhalten – kurze Rhythmen oder Melodien nachspielen – Taktarten beim Musizieren unterscheiden – Kenntnis der Instrumentennamen – korrekte Handhabung und Spielweise von Instrumenten beherrschen – Rhythmen und Melodien nach (grafischer) Notation spielen – eine Stimme eines Begleitsatzes zum Playback spielen können – ein Instrument bei einer Klanggeschichte sinnvoll einsetzen

Hören und Untersuchen von Musik: Instrumente am Klang erkennen – Höreindrücke mit eigenen Worten beschreiben – eine Melodie am Notenbild mitzeigen – gehörte Musikausschnitte den zugehörigen Noten zuordnen – Erkennen der formalen Struktur einer Musik – eine leichte Partitur erklären – eine Hörpartitur erstellen – Fachbegriffe richtig anwenden

Lebensumstände eines Komponisten: bestimmte Lebensumstände in Zusammenhang mit einem Werk oder einer bestimmten Musikaufführung bringen

Musiklehre: einzelne Noten im Notensystem benennen – leichte Rhythmen in verschiedenen Taktarten nach Diktat schreiben (und spielen) können – eine einfache Partitur in ihrem Aufbau verstehen – Lautstärkebezeichnungen kennen – eine leichte Melodie nach Diktat aufschreiben

Schülerleistungen können im Unterricht gemessen werden durch:

- Beobachtungen des Lehrers: Wie setzen die Schüler die Aufgaben um? – Wie sind die Interaktionen? – Welche Lernfortschritte wurden erzielt?
- Gruppenreflexionen: Wie haben wir die Aufgabe umgesetzt? – Was war gut, was hätten wir besser machen können?
- Selbsteinschätzungen der Schüler
- schriftliche Arbeiten: Bearbeitung von Arbeitsblättern – Erstellung von Plakaten – Heftführung – Lernkontrollen

Bei der Beurteilung von Schülerleistungen zählt zum einen der individuelle Lernfortschritt, bei dem eine Diagnose der Lernausgangslage erforderlich ist. Dieser kann über die verschiedenen Aufgabentypen der Musikpraxis ermittelt werden.
Für die Beurteilung ist ferner der Vergleich mit den Klassenkameraden wichtig. Dieser ist am ehesten feststellbar über das Abrufen von Musikwissen bei schriftlichen Arbeiten.
Störungen des Unterrichts durch Schüler sollten sich in der Regel in den Bemerkungen zum Arbeits- und Sozialverhalten wiederfinden, es sei denn, unter den Störungen leiden auch die fachlichen Leistungen. In diesem Fall ist ein Einbeziehen des Verhaltens in die Musiknote unumgänglich.

D Kleines Musiklexikon

AKKORD	Zusammenklang mehrerer Töne
AKKORDSYMBOLE	Buchstaben über Liedmelodien bezeichnen meist Dreiklänge, z. B. C für c – e – g
ARRANGEMENT	Bearbeitung einer Melodie für mehrere Instrumente und/oder Singstimmen
BOOMWHACKERS	farbige Plastikröhren verschiedener Länge und Tonhöhe für rhythmisches, melodisches und akkordisches Spiel beim Klassenmusizieren
CHROMATIK	zusammenfassender Ausdruck für die Tonfolge c, cis, d, dis, e, f, fis, g, gis, a, ais, h, c
DREIKLANG	besteht aus dem 1., 3. und 5. Ton einer Tonleiter
ELEMENTARES TANZEN	beschäftigt sich mit den grundlegenden Tanzformationen und Schrittarten
ELEMENTARINSTRUMENTE	zusammenfassende Bezeichnung für Rhythmusinstrumente, Boomwhackers und Stabspiele
FLANKENKREIS	Tanzformation auf der Kreisbahn mit Blick des Tänzers zum Vordermann, eine Schulter zeigt zur Kreismitte
GANZTON	der Abstand von einer Taste zur übernächsten (schwarze Tasten mit einbeziehen)
g-SCHLÜSSEL	anderer Ausdruck für Violinschlüssel; nimmt seinen Anfang auf der 2. (g-)Linie und legt damit die Reihenfolge der Noten im Notensystem fest
GLOCKENSPIEL	Stabspiel mit Metallstäben; geeignet für die hohen Tonlagen; der Klang ist metallisch-glänzend aufgrund einer anderen Metalllegierung als bei dem Metallofon
GRAFISCHE NOTATION	einfachste Notation, besonders geeignet für Grundschüler, die beginnen, sich mit Notation zu beschäftigen; Notenzeichen: Punkt und Strich
GRUNDRHYTHMUS	ein Rhythmus, der beispielsweise bei der Begleitung eines Liedes durchgehend gespielt wird
GRUNDTON	der erste Ton einer Tonleiter oder eines Dreiklangs
HALBTON	der Abstand von einer Taste zur nächsten
INSTRUMENTENFAMILIE	bezeichnet bei den Rhythmusinstrumenten die Gruppen der Fell-, Holz- und Metallinstrumente, bei den den übrigen Instrumenten wird zwischen Blas-, Streich-, Zupf-, Schlag- und elektronischen Instrumenten unterschieden

KETTE	Tanzformation, bei der die Schüler hintereinanderstehen
MELODISCHE NOTATION	bezeichnet unsere traditionelle Notation, mit der Melodien im 5-Liniensystem aufgezeichnet werden
MELODIERHYTHMUS	jede Melodie besteht aus einer Folge von Tonhöhen, die zugleich mit einem Rhythmus versehen ist
METALLOFON	Stabspiel mit Metallstäben; geeignet für den Einsatz in allen Tonlagen; der Klang ist weich aufgrund einer anderen Metalllegierung als beim Glockenspiel
METRONOM	mechanisches oder elektronisches Gerät, das die Metrumschläge in verschiedenem Tempo anzeigen kann; deshalb auch Tempomesser genannt
METRUM	der Puls in der Musik; Töne mit gleichem zeitlichen Abstand voneinander, ohne Betonung; gleichbedeutend mit Grundschlag oder Gleichschlag
MITSPIELSATZ	Musik aus Klassik oder Pop wird durch leichte Arrangements für Schüler spielbar, d. h. sie spielen einen Grundrhythmus oder einen einfachen Akkordsatz zum Original dazu
NOTENSYSTEM	es besteht aus 5 Linien und 4 Zwischenräumen, jeweils von unten nach oben durchnummeriert; Hilfslinien werden gelegentlich für tiefere oder höhere Töne benötigt
NOTENWERT	anderer Ausdruck für Tondauer
OKTAVLAGE	der hörbare Bereich der Töne vom tiefsten bis zum höchsten ist geordnet nach Oktavlagen; eine Oktavlage umfasst die 12 Töne von c, cis, d, dis, e bis c; da die verschiedenen Oktavlagen immer dieselben Töne aufweisen, werden sie mit Zusatzziffern belegt, z. B. c1, c2, c3 usw.
OSTINATO	ein während eines Musikstücks hartnäckig beibehaltener Grundrhythmus
PARTITUR	die Gesamtheit aller Einzelstimmen eines Musikstücks; alle Töne, die gleichzeitig erklingen, stehen genau untereinander
PENTATONIK	eine Tonleiter aus 5 Tönen, der 6. Ton ist der Oktavton, z. B. c, d, e, g, a, c
RASTER-NOTATION	Kombination aus grafischer Notation (für den Rhythmus) und Buchstaben (für die Tonhöhen)
REIHE	Tanzformation, in der die Schüler auf einer Linie nebeneinanderstehen

RHYTHMUS	entsteht durch Zusammenfügen von langen und kurzen Tondauern zu einer musikalischen Einheit
RHYTHMISCHE NOTATION	wird zur Notation von Rhythmen mit den Zeichen für Viertel, Halbe, Ganze und Achtel benutzt; erwächst aus der grafischen Notation
RONDO	eine musikalische Form, bei der sich eine Hauptmelodie A mit mehreren Nebenmelodien B, C usw. abwechselt; Ablauf: A – B – A – C – A – D – A
STABSPIELE	zusammenfassende Bezeichnung für Glockenspiel, Metallofon und Xylofon
STIRNKREIS	Tanzformation, in der die Schüler auf der Kreisbahn stehen und zum Kreismittelpunkt schauen
TAKT	ist gekennzeichnet durch regelmäßig wiederkehrende Schwerpunkte im Verlauf einer Musik; wird begrenzt durch (senkrechte) Taktstriche
TAKTART	ist jeder zweite Metrumschlag betont, so erhält man einen Zweier-Takt, bei jedem dritten ergibt sich ein Dreier-Takt usw.
TAKTKLAMMER	steht über der Notation einer Stimme und ist mit einer Nummer versehen; beim ersten Mal werden die Noten gesungen oder gespielt, die unter Klammer 1 stehen, bei der Wiederholung nur die Noten unter Klammer 2
TASTATUR	Griff- oder Schlagfläche bei Tasteninstrumenten und Stabspielen; sie besteht in der Regel aus zwei Reihen von Tasten oder Stäben
TONLAGE	siehe Oktavlage
TONUMFANG	bezeichnet den Abstand zwischen dem tiefsten und höchsten Ton bei einer Singstimme oder einem Instrument
XYLOFON	Stabspiel mit Holzstäben; in allen Oktavlagen gebräuchlich
ZÄHLZEIT	bezeichnet die Schläge pro Takt, z. B. 4 Zählzeiten im Vierer-Takt, Abkürzung: ZZ

E Verzeichnisse

1. Verzeichnis der Arbeitsblätter und Tonbeispiele

2. Verzeichnis der Abkürzungen

Abkürzung	**Bedeutung**
A	Ausschnitt
AB	Arbeitsblatt
GA	Gruppenarbeit
L	Lehrer
PA	Partnerarbeit
Rh.-Instr.	Rhythmusinstrumente
S	Schüler
TB	Tonbeispiel
ZZ	Zählzeit
Bw.	Boomwhackers